韓国消失

LOSING
SOUTH KOREA

Gordon G. Chang
Aeba Jikidou

ゴードン・チャン［著］
あえば直道［監修］

株式会社 産経広告社

【日本語版　序文】

韓国──日本を脅かす凶器

地図は語る。それは、朝鮮半島は日本の国土に向かって伸びており、北朝鮮と言う敵の手中に韓国が落ちることは日本の人々にとって死活的な脅威をもたらすだろうということだ。事実、朝鮮半島は歴史的に大陸からの侵略者にとって日本列島を狙う侵攻ルートとなってきた。

今日、韓国は日本にとって脅威になり得るだろうか。韓国も日本もアメリカとの同盟国であり、一見すると脅威になる可能性は極めて低いように思われる。

しかし、残念なことにこの可能性はかなりの程度、高まりつつある。ハリー・ハリス駐韓米国大使に向けられた怒りの矛先として反日感情が利用され、韓国において急速に反日

感情が高まりつつある。大使の口髭が〝日本の植民地統治〟を想起させるというのだ。韓国19第大統領、文在寅は反日的で、こうした醜い愛国感情をかき立てている。

さらに、文はいったん活力ある民主主義国家となった韓国を全体主義の国家に引きずり込もうとしている。次に全体主義国家になるのは韓国かもしれないのだ。

それだけではない。大韓民国は成立して80年ほどの歳月が経つが、いよいよ終焉をむかえようとしている。文在寅は北朝鮮として知られる朝鮮民主主義人民共和国へ韓国を統合しようと試みている。

仮に統合が進めば、統一朝鮮は平壌によっておそらく統制されることとなる。北朝鮮の最高指導者、金正恩は南側の併合を〝最終勝利〟と呼びかけている。

金は勝利は目前と考えているようで、彼の理解は正しい。極貧の国がより規模の大きい繁栄した国家を併合するのだ。なぜなら2人の朝鮮半島のリーダーは悪意ある目標を共有しているからだ。

弾劾によって辞任を余儀なくされた朴槿恵大統領の代わりを決める大統領選挙に勝利し、2017年5月に文は政権を掌握した。文は就任演説で〝新生韓国〟を宣言し、「任期中に全体主義的な傾向にある慣行を排除したいと切望する」と述べた。

この表明により、彼はみじめに敗北したことになる。長らく民主主義者・人権活動家として活動を続けてきた文は、韓国が数十年かけて獲得してきた自由主義・民主主義を覆してきた。他にも彼は反大統領の組織を否定するため大手の放送局を支配し、ソーシャルメディアを脅迫し、暴漢が学校やオフィスに侵入することを容認してきた。加えて、名誉棄損で国家が訴追することによってジャーナリストを投獄し、市民の〝ブラックリスト〟を作成したりしている。あまつさえ、北朝鮮の秘密警察に該当する実行部隊を韓国内で設立しようと目論んでいる。韓国の元外交官が言及した〝恐怖体制〟という表現そのものだ。

文は自由という概念を削除するという憲法改正を行うことでこの体制を既成事実としようとしてきた。しかしながら、彼の試みは失敗し、次の目標である教科書から自由・民主主義についての記述を削除することに血道を上げている。

最近、彼は検察機構を掌握することにご執心だ。彼は汚職まみれの曹国を2019年8月に法務大臣に任命したものの、国中の抗議に直面し任命を取り消さざるを得なくなった。これにより2020年初頭の検察官再任命につき直接の戦術を失ったことになる。とはいえ、文は引き続き民主主義体制を弱体化するための努力を続けている。と同時に、文は朝鮮半島を手中に収めることを誓った韓国にとって不倶戴天の敵の強化に勤しんでいる。文は継続して金への資金や資源を送ろうと努力してきており、これらは国際社会による制裁を踏みにじり脅威すら与えるものだ。

金は人民軍の強化を急速に進めているにも関わらず、韓国のリーダーが一方的に南側の非武装地帯における防衛体制の弱体化に取り組んでおり、韓国軍の規模縮小に取り組み始めた。日本との軍事協力も終結させ、北朝鮮の攻撃者を自国の防衛体制と比べてもはるかに有利に導いている。

さらに、文はアメリカとの同盟関係についても弱体化を図っている。韓国防衛を約束している唯一の国、アメリカがミサイル防衛システムを構築することを阻害し、北朝鮮の最大の後ろ盾、中国と共謀すらしてきた。加えて、韓国の防衛力を無力化することも取り組んできた。2017年10月の悪名高い「三不一限の誓い（3つのNO）」は北京政府に対する片務的な誓いであり、劇的に韓国の防衛力を削ぐものであった。

親北朝鮮志向の補佐官たちに囲まれ文在寅は韓国防衛については一切関心がないようだ。結局、包括的な目的は統一に他ならない。

文は韓国のナショナリストだが、同時に自身が選出された国家を忌み嫌っているようだ。

２０１９年8月15日の大韓民国建国71周年に際して、文は国家について言及したものの１９４８年に建国された韓国についての言及は避けようとしてきた。代わりに、歴史上存在したことのない暫定朝鮮統一政府１００周年を祝う言葉を述べた。

なぜ文は存在しない政府について言及したのだろうか。それは、この暫定政府が朝鮮半島全域を統治することを目的としているからだ。

非武装地帯の南北指導者は統一を主張してきたが、統一の提案を受け入れた最初の指導者だ。

統一された朝鮮国家では、民主主義は消失することになるだろう。金正恩は数十年に渡り家訓とされてきた〝転覆、強制、強奪、武力行使〟運動を続けることになるだろう。

文は近いうちに韓国を抹消する可能性がある。２０２０年4月に韓国は一院制の国会議員を選出する選挙が行われる。３００議席をめぐって争われることになるこの総選挙で韓国の民主党とその連立政党が3分の2の過半数を獲得すれば、文は金正恩体制へ韓国が併合されることを可能にする憲法改正に取り組む立場を獲得することとなるのだ。

文の政策は一般的に不人気だが、彼の〝進歩〟勢力は分裂し弱体化している野党保守派に直面している。文はこの選挙で票を取りまとめており、4月の総選挙が韓国にとって最後の選挙となる可能性すらある。

２０２０年1月に韓国の緊急ホットラインに連絡してきた人間によれば、文は〝スパイ〟ではないかもしれないが、彼の忠誠心はソウルよりも平壌にあるという印象を受けているという。彼は〝共産主義者〟と言われることに腹を立てるが、事実、中国の共産主義者を支持し、共産中国の唯一の同盟国である北朝鮮のような共産主義者たちに献身的に貢献している。これは、文自身は共産主義者ではないものの彼は大韓民国にとって危険な存在なことを意味する。

そして彼は日本にとっても危険な存在だ。地図が示すように、韓国は日本列島にとって凶器なのである。

２０２０年1月22日

ゴードン・チャン

多角的／球体的な韓国批判——序にかえて

なぜ文在寅は日韓関係を損なうのか

本書の著者ゴードン・チャンが、中核となる論考（原題はLosing South Korea）を発表したとき、タイミングはドンピシャだった。ちょうど、日韓のあいだには、慰安婦に関する合意破棄、「徴用工」問題、そして海上自衛隊哨戒機へのレーダー照射事件が発生しており、いっそう関係が冷え込むことが、誰の目にも明らかだったからだ。

「こんなにも日韓関係を損なう理由はいったい、何なのだ」と、疑問に思っていたし、メディアも多くの専門家を呼んでは「なぜ文在寅政権はこんなにケンカ腰なのか」を問うていた。誰もが、この「なぜ」に満足のゆく回答を出せずにいるとき、旧知のゴードン・チャンからこの本が、私に届けられたのであった。

ゴードン・チャンの基本的なメッセージは、自由主義陣営の最前線たる韓国社会が、文在寅政権によって切り崩されていることへの警告である。なぜ、そしてどのように、韓国社会が崩され、どこへ向かおうとしているかを、チャンは客観的な資料を用いつつ、解明したのが、本書の骨格である。

著者ゴードン・チャンについて

ゴードン・チャンは、アメリカ共和党を支える一大組織であるアメリカ保守連合財団(American Conservative Union Foundation)のフェローであり、特に中国に焦点を置いて東アジア情勢の政策提言を行っている。チャンは、折しも朝鮮戦争が激しく戦われていた1951年にニュージャージー州に生まれ、ニューヨークの名門コーネル大学、さらに同大学ロー・スクールを卒業した。

「チャン」というファミリーネームからも想像できるように、彼は中国系アメリカ人である。彼はそのルーツをたどるように、ロー・スクール卒業後に国際弁護士として中国に赴き、およそ20年にわたって中国各地で務めを果たした。また、夫人のリディアはイギリス統治時代の香港に生まれ育っている。こうした東アジアにバックグラウンドを持つゴードン・チャンは、中華人民共和国の専制体制とその輸出に、強い問題意識を抱いている。そのため、私が議長を務める一般社団法人ＪＣＵ（Japanese Conservative Union）が協力するポリティカル・カンファレンスＪ－ＣＰＡＣにも毎年登壇していただき、米中対立を中心に、鋭いコメントを日本にも発信している。

そのチャンが、韓国社会の行く末に懸念を抱いて執筆したのが、本書である。

多角的な文政権批判

ゴードン・チャンが、「なぜ文在寅政権は日韓関係をこのように損なうのか」という問いに、いかに十分な答えを与えているかは、本書をお読みいただくとして、本書を日本語版として出版する際に、「グローバルな視点」をより強めたいと私は考えた。せっかくアメリカ人の著者による韓国政治への批判を紹介するのであれば、アメリカだけでなく、日本、韓国、台湾、インドやヨーロッパなど、世界が韓国に注ぐ目線を紹介する本にしたい、と考えたのである。背景には、日本に多く流布しているいわゆる「反韓国本」「嫌韓本」の類は、日本の一国主義的なドメスティックな目線か、そうでなければ日韓関係だけを切り出した二国間関係に視線が固定されている、という問題意識があった。自分と相手だけを見て国際関係を語るのではなく、もっと俯瞰的に、東アジア全体のパワー・バランスや近隣諸国に及ぼす影響について、異なる視点を入れる必要がある、と考えたのである。

今回は、台湾の元財務部長（財務大臣）にしてWTO大使であった顔慶章先生、韓国の野党である「ウリ共和党」の趙源震共同代表、そして日本からは産経新聞社会部編集委員の加藤達也氏という、錚々たるメンバーに、それぞれ1章ずつの執筆をご快諾いただいた。アメリカ＋東アジア諸国の賢者の対話が本書で成立しているのは、目次を見ていただければ瞭然である。

世界は韓国の現状をどう見ているのか、これからどうなってゆくと予想しているのか、興味深く読み進めていただけるに違いない。一国主義に陥らず、多角的に韓国政治の問題点を考えてゆくというスリリングな知的冒険を、ぜひ体験していただきたい。

謝辞

本書の出版に際しては、まず訳本の出版だけでなく書下ろしを快諾してくれたゴードン・チャンに最大級の感謝を送りたい。また、ご多忙のなかで執筆に協力してくださり、多大な知的労力を割いてくださった顔慶章先生、趙源震代表、加藤達也氏には、感謝しきれないほどである。ありがとうございました。

出版等については、産経広告社の吉井雄二社長、砂原一之様、堀雄介様、浅井理央様の各氏と、ナカグログラフの黒瀬章夫様に多大なるご協力とご指導を頂きました。また、翻訳ならびに資料収集については、阿部悠樹さん、佐藤正幸さん、星村聡史さん、渡邉美香さんにご協力頂きました。深く感謝申し上げます。

最後に、本書を手に取ってくださった読者の皆様に、未来を占う知的冒険を保証するとともに、感謝申し上げます。

２０２０年２月１日

ＪＣＵ議長　あえば直道

『韓国消失』出版に寄せて

大韓民国の文在寅大統領と彼を支持する執権勢力は、自由の理念を知らないか、あるいは自由に対して敵対的である。執権党〝共に民主党〟の綱領には〝自由〟という二文字がない。執権初期、彼らは大韓民国の政治体制は〝自由民主主義〟ではなく、〝民主主義〟であり、現行の憲法から、〝自由〟の二文字を消さなければならないと主張した。憲法を改正しようとする彼らの努力は失敗に終わったが、小中学校の教科書からは〝自由〟の二文字がすっかりと削除された。

彼らは、韓国戦争が終わった1953年から今まで、韓米同盟のもとで維持されてきた韓半島の平和を、偽善の体制であると見なしている。彼らは、真正なる平和の礎には自由の理念が存在していることが理解できないのだ。奴隷と農奴の国に本当の平和はない。国際社会の永久なる平和は自由人の国がお互いに結ぶ、友愛関係においてのみ可能である。

文在寅大統領と彼の支持勢力は、大韓民国の自由の理念を捨て、南北が〝我が民族同志〟という種族主義的なスローガンでひとつになる統一を目指している。このために彼は北朝鮮の指導者、金正恩のために何か奉仕でもする態勢になっているようだ。大韓民国の19代大統領である文在寅が韓国最後の大統領になるかも知れず、北朝鮮の金正恩はこれを現実にする決意に満ちているというゴードン・チャンの主張は恐ろしいほどに事実的だ。

2020年2月1日

李栄薫

李栄薫《イ・ヨンフン》教授は韓国経済史の研究者として、ソウル大学経済学部停年の後、李承晩学堂を設立、運営している。2019年11月に出版された『反日種族主義』（編著、文藝春秋刊）は、韓国、日本両国でベストセラーを記録した。

韓国消失　目次

第1部

危機に瀕する韓国

―『韓国消失』が示す朝鮮半島の未来

1　新たなる「朝鮮動乱」への警鐘

ＪＣＵ議長　あえば直道

ゴードン・チャンの問題意識から日韓関係のあるべき姿を考える

本書は、巷に流布されている「嫌韓本」ではない。著者のゴードン・チャンは、アメリカの共和党を支える一大組織であるアメリカ保守連合財団（American Conservative Union Foundation）のフェローであり、特に中国政策について中心的な役割を果たしている。その彼が、２０１９年に「失われる韓国」（Losing South Korea）という刺激的な原題で、アメリカにおいて刊行したのが、本書の中核部分である。

「失われる韓国」という原題は刺激的だが、その中身は、「韓国に滅びてほしい」あるいは「韓国と断交したい」といった卑小な内容ではない。そもそも、アメリカ共和党にとって韓国は、隣国でもなければ深刻な歴史問題を抱えた旧植民地でもない。彼らがそのような卑小な願望を抱く必要はどこにもない。本書は、アメリカの保守派が、アメリカとの同盟網をこのまま維持できるかどうかという問題意識に基づき、現代韓国の政治的課題を解き明かしているのである。

さて、ここでは、ゴードン・チャンの論旨を受けて、以下の課題にアプローチする。

第一に、ゴードン・チャンの議論している内容が、日本ないし日本政治において、いかなるインプリケーション（含意）を持つかを明らかにする。

第二に、ゴードン・チャンの議論の補足として、筆者がアメリカ共和党関係者との意見交換を通じて得ている、トランプ政権の対朝鮮半島政策について、明らかにする。

第三に、ゴードン・チャンの議論から引き出されるインプリケーションとトランプ政権の方針に基づいて、日本社会が予期しておくべき対応、すなわち文在寅的な政治が「勝利」した場合に取るべき選択肢と、文在寅的な政治を勝利「させない」ためにとるべき選択肢を提言する。

以上の課題にアプローチすることによって、私たちは、ゴードン・チャンの問題意識を自らにひきつけて理解しつつ、日韓関係のあるべき姿を考えるヒントとすることができる。これが、本稿における私の目的である。

掘り崩される防衛境界線

さて、ゴードン・チャンの論旨を、私なりにひとことで言うと、「防衛境界線が内側から掘り崩されている」ということになる。「防衛境界線」とは、ディフェンシブ・ペリメータ（Defensive Perimeter）の訳語で、アメリカの国防政策において、防衛能力が必ず維持されなければならない境界線を指す。後述するように、この防衛境界線をどこに引くかは、アメリカの安全保障政策だけでなく、東アジア全域の安全保障環境にとって、死活的な意味を持っている。

現在、この防衛境界線は、米韓同盟が結ばれていることからもわかるように、韓国を太平洋の西端としている。その向こうには、中華人民共和国ならびに朝鮮民主主義人民共和国という、アメリカと明示的あるいは潜在的に敵対する国家が存在している。

さて、この防衛境界線が内側から掘り崩されるとは、どういうことか。ゴードン・チャンの論旨に沿って言うと、米韓同盟を弱体化ないし破棄に至るような方向に、韓国の文在寅政権が仕向けている、ということである。そのような政策の究極の目的は、北朝鮮との統一国家を形成し、「一国二政府」の状況を作り上げることだ。

ゴードン・チャンは言う。「（韓国の）一般世論が同盟軍の指揮構造について誤った印象を持ち、同盟に反感を抱くよう、（文在寅）大統領は補佐官たちに誘導させ」、米韓同盟を明らかに弱体化させようとしている。また、北朝鮮に対しては統一への道を切り開くために、「（文在寅は）韓国の政治体制をより北朝鮮のものと適合的に組み替えようとしている」。すなわち、韓国の政治体制を「自由民主主義」ではなく単に「民主主義」と標榜するよう仕向けたり、「北朝鮮からの脱北者に、金正恩体制について批判的なことを口にしないように圧力をかけ」たりしている。そのたどり着くところとしてゴードン・チャンが危惧するのは、金正恩が「明らかに自分に有利な条件で半島の統一を達成」することだ。

もちろんそこまでの道のりが平坦でないことはゴードン・チャンも指摘している。たとえば国内的支持の不足や、非核化への道筋が障害となるのだが、それでもなお予想可能な未来として考えておかねばならないと、彼は警告を発している。

ＧＳＯＭＩＡ破棄は北朝鮮へのシグナル

米韓同盟ならびに東アジアの現在の国際関係が、韓国の内側からじわじわとその基盤を食い破られつつあるという現状は、日本にいる我々にとっては、むしろ一種の既視感を覚えるものですらある。言うまでもなく、２０１９年8月に生じた軍事情報包括保護協定（ＧＳＯＭＩＡ）の破棄に関する問題を、我々に呼び起こすからだ。日米の防衛当局者がともに、ＧＳＯＭＩＡの破棄にまで文在寅は手をつけることはないだろうと「楽観」しており、それでは足りぬとマイク・ポンペオ国務長官やスティーヴン・ビーガン北朝鮮政策特別代表などがソウルへの説得に乗り出していた。にもかかわらず、文在寅政権は8月22日にＧＳＯＭＩＡの破棄を決定し、日韓関係に決定的なヒビを入れた。

文在寅政権はこの破棄決定に際し、ＧＳＯＭＩＡによる「安全保障上の利益は存在していない」と宣言した。これこそまさに、防衛境界線を掘り崩そうとしている文在寅政権の本音であろう。ＧＳＯＭＩＡのスコープにある仮想敵国は、第一に北朝鮮である。ＧＳＯＭＩＡの破棄は、第一義的には反日政策の一環であろうが、北朝鮮との宥和政策を進める文政権にとってみれば、破棄することによって北朝鮮に対して「宥和は本気である」というシグナルを発することができる。北朝鮮と仲良くすることが安全保障上の優先すべき利益ならば、ＧＳＯＭＩＡはそれに逆行するものと位置付けられる。つまり、「利益は存在しない」という発想はある意味で一貫した理屈だということになる。

北朝鮮は、日韓関係が悪化するなかで、早い段階からＧＳＯＭＩＡの破棄を文在寅政権に促していた。これも、ゴードン・チャンが言うように、「二人の朝鮮半島の政治指導者は、共通の統一政策を見出すことを強く決心した」ことを示している。たとえば、２０１８年7月28日に、北朝鮮の対外宣伝ウェブサイト「わが民族同士」は、ＧＳＯＭＩＡの破棄を韓国に要求する記事を掲載した。記事のなかで、ＧＳＯＭＩＡは「日本に軍国主義復活と朝鮮半島再侵略の足場を提供する戦争協定だ」と指摘されており、「民衆の心は親日売国の協定破棄を求めている」としてし、韓国の主導的な破棄を求めたのである。

自国の敵を信頼する文在寅

実に北朝鮮は、長らく日韓関係の強化を「あの手この手」で妨害してきた。２０１２年にＧＳＯＭＩＡを日韓が締結しようとした際には、韓国国内の左派勢力を扇動して反対運動を進めたこともある。韓国政府は当初より反対運動の展開を予期していたため、秘密裏に日本政府と交渉を行っていたほどであった。ところが、締結直前になって協定の存在が初めて韓国国民に明らかにされると、猛烈な反対運動が起きたのである。このため、締結予定時刻の1時間前に韓国政府から延期の申し入れがなされ、2016年まで協定が結ばれることはなかった。この反対運動を主導したのが文在寅ら進歩派ないし運動派と呼ばれる韓国左派勢力であり、北朝鮮とこのころから意思疎通してきたのである。北朝鮮にとってみれば、このようなかたちを使っても排除したいほど、GSOMIAは邪魔な存在だったのだ。言い換えれば、それほど重要なものを、文在寅政権は金正恩との友好関係を信じて、切り捨ててしまったと言える。

アメリカに対しても、やがて同じように、同盟関係の破断が繰り返されるかもしれないというゴードン・チャンの懸念はもっともだと、我々日本人には見える。それは、上記のような事件を、ごくごく最近、私たちが目にしたからだ。彼は言う。「文在寅は、アメリカとの同盟には信頼を置いていないが、自国の敵との『友好関係』には信頼を置いている。そして彼がしばしば示す忠誠心は、彼を指導者として選出した自国ではなく、敵に対して向けられている」。この「アメリカとの同盟」を「日本との関係」に置き換えると、そのまま当てはまるのは、よもや読者諸賢にはお分かりいただけるだろう。

アチソン・ライン演説と朝鮮戦争

こうして掘り崩されてゆく防衛境界線だが、かつて、これをめぐって大きな事件があったことを、私たちは想起してよい。それは、1950年に国務長官であったディーン・アチソンがワシントンのナショナル・プレスクラブで行った演説である。「アチソン・ライン演説」と言われるとピンとくる読者諸賢もおられるかもしれない。

アチソン国務長官は、この演説で、「防衛境界線は、アリューシャン列島から日本へ向かい、そして琉球に至る。我々は琉球諸島に重要な防衛拠点を持っており、これらは保持され続けるであろう。（中略）防衛境界線は、琉球からフィリピン諸島に達する。（中略）太平洋のこれ以外の地域における軍事安全保障については、軍事的攻撃に対する保証を行うことが誰にもできないのは、明らかにしておかなければならない」と述べた。

地図上に線を引いてみればわかるが、このアメリカにとっての防衛境界線に、朝鮮半島は入っていなかった。そのため、アメリカには韓国を防衛する意志がないと、北朝鮮の金日成は判断し、一気に朝鮮戦争へと突入したのであった。

現実主義国際政治学の祖とされるハンス・モーゲンソーは、このアチソン演説の前年に著した主著『国際政治』のなかで、次のように述べていた。「すべての歴史が示すように、国際政治に積極的な諸国家は、戦争という形態の組織的な暴力の準備をつねに怠らず、それにすすんで関与し、あるいはその痛手から立ちなおる」（『国際政治─権力と平和』（上）岩波文庫、119ページ）。

戦争の準備をつねに怠らない国家がひしめいている東アジアにおいて、この言葉は現代においても重要であろうし、文在寅と金正恩によって用意されようとしている防衛境界線の引き直しについて、重要な教訓を与えている。

武力行使なき朝鮮動乱

アチソン演説が、朝鮮戦争への引き金を意図せず引いてしまったように、たった一言であっても安全保障に関するコミットメントが弱くなったと解釈されれば、地域の平和は瓦解する。防衛境界線がどこに引かれるのかというのは、地域の平和を考える上で、ことほどさように重要な意味を持っているのである。言うなればこの文在寅と金正恩による防衛境界線の引き直しは、「武力行使なき朝鮮動乱」というべき事態なのである。

では具体的に、この「武力行使なき朝鮮動乱」が生じた場合、日本において何が起きるのか考えてみよう。

まず、単純に地理的な問題として、アメリカが現在北緯38度線に引いている防衛境界線は、韓国と対馬とのあいだに引き直されることになる。何度も言い尽くされたことだが、対馬が日本にとって最前線となれば、同地域への軍事力の展開は避けがたい。自衛隊や米軍の監視施設、ことによっては基地そのものを配備しなければならなくなる。

それだけではなく、対馬を含む長崎県、福岡県、山口県など韓国に近い地域は、行政面でも様々な用意を要求されよう。何をなすことになるのか、参考になるのはやはり朝鮮戦争である。

朝鮮戦争勃発前から、山口県は田中龍夫知事（当時）のもと、韓国の李承晩（イ・スンマン）政権の日本亡命と難民流入対策として、独自に情報収集を進めていた。背景には、朝鮮半島からの密入国者が増えていたこと、北朝鮮による不穏な動きを独自のネットワークで察知していたことが挙げられている。このため、田中知事は「朝鮮情報室」を創設し、朝鮮半島からのラジオを傍受して翻訳情報を収集させた。

いち自治体が創設した「朝鮮情報室」の鋭さを示すエピソードが、北朝鮮による韓国侵攻の事前察知であった。開戦のわずか2日前、同情報室は北朝鮮が北緯38度線を超えて侵攻する可能性が高く、その場合には「米軍の旗色が良くない。このままでは、（韓国が負けて）いつ日本が北朝鮮から攻められるか分からない」と、当時の吉田茂内閣に報告したのである。

現実的でない安易な「韓国断交論」

情報収集だけでなく、難民の受け入れや、亡命政府の準備といった問題も、生じうる。朝鮮戦争において李承晩政権が、北朝鮮軍によって釜山近郊まで追い詰められたとき、外務省は「韓国政府が6万人の亡命政権を山口県に作ることを希望している」（山口県史）と打診した。山口県はこのため、極秘文書「非常事態計画」を作成し、韓国人5万人を受け入れる避難キャンプを山口県阿武町などに作る計画を立てることとなった。単純に軍事施設の配備だけでなく、独自の情報収集、難民の受け入れ、亡命政府の設立、といった困難な事業を、日本は引き受けなければならなくなる公算が大きいのである。

やや余談に逸れるが、「韓国断交論」などを勇ましく唱えている日本の嫌韓保守のうち、こうした現実的な対処やリスクを真剣に検討している人々がどれほどいるのか、私は非常に心許ない。まさか、国際人道法に規定された交戦規定を無視し、「難民は日本海に沈めてしまえばよい」などと乱暴なことを考えてはいまいが、もしそうだとすると、それはレイシストであると同時に、およそ愛国的な態度ともいえない。そのようなことをしてしまえば、日本は人道上の最悪国家として、世界中からの糾弾にさらされるだけだからだ。当然、人権を重視するアメリカ政府も、日本を見捨てざるを得なくなるだろう。こういった「最悪の事態」における備えをとってみても、安易な「断交論」の如きは、まったく現実的でない。

大幅な軍備拡張を余儀なくされる日本

さて、本題に戻ると、「武力行使なき朝鮮動乱」が現実化すると、日本本土の軍事的な位置づけも変わる。現在、朝鮮半島におけるミサイル発射などの監視任務の多くを担っているのは、京都府舞鶴市に拠点を置く海上自衛隊第4護衛艦群だが、ここだけでなく、第2護衛艦群が司令部を置く佐世保についても、基地機能を韓国情勢に振り向けなければならなくなるだろう。すると、中国方面への監視体制が手薄になるのだから、何らかのかたちで補充が必要になる。結果として、日本は大幅な軍備拡張を余儀なくされるだろう。

在日米軍に関わる日本の位置づけも変わる。たとえば重要な点として、東京都福生市にある横田基地には、国連軍後方司令部が存在している。これは、朝鮮戦争休戦協定成立後の1954年に、日本とイギリス、アメリカ、フランスなど10ヶ国が「国連軍地位協定」を結び、設置された。現在でも、国際法的には朝鮮戦争は休戦中に過ぎず、そのために後方司令部には常に要員が配備されている。また、国連軍参加国のうち8ヶ国の駐日大使館付駐在武官が参加する合同会議が、3ヶ月に1回程度開かれている。これによって、駐在武官のコミュニケーションの拠点としての機能も果たしている。

もし文在寅と金正恩が、本論にあるように、朝鮮戦争の公式な終結宣言を出すなら、この機能はどうなるのか。単純に基地機能をなくすだけでは、そこにぽかりと「力の真空」が出来上がり、不安定性が増す。したがって、何らかのかたちで「力の真空」を補充しなければならない。たとえば在日米軍の機能強化、あるいは航空自衛隊による補充などが課題として浮かんでくる。

同じロジックで、沖縄への負荷も増すことになろう。なぜなら、九州以北の米軍基地ならびに自衛隊が朝鮮半島の変動に張り付きになるということは、中国に関する軍事的対応の拠点として、沖縄の重要性がより高くなるからだ。ただでさえ、宮古島付近を中国軍機や艦船が通過するケースは増えているのだから、朝鮮半島が北朝鮮に有利なかたちで「統一」に向かうことによって、より沖縄に基地負担が重くのしかかることになろう。

以上の短い考察でもわかるように、我が国の、そして東アジアの軍事・安全保障環境に、文在寅は激震を走らせる可能性が高いのである。それは、我が国の政府、自衛隊、憲法のあり方にすら、大きな変動を呼び起こすであろう。

政治的・経済的課題の「巻きなおし」

影響は、軍事面だけに留まるものではない。北朝鮮に有利な条件で半島の統一が達成されたとき、朝鮮半島と日本との政治的関係がより良くなることは、かなり想像しづらい。

たとえば、最も予期しやすい事項として、北朝鮮の分も含めた歴史問題の清算要求が挙げられる。周知のとおり、日韓関係には歴史問題を中心として、それに付随する個人請求権の問題などについての係争が続いている。国家間の問題は1965年の日韓基本条約と請求権協定により解決されていると、日本政府が繰り返し表明しているものの、国境線の変更に伴い新たな統一朝鮮が成立する場合、この条約そのものの刷新が要求される可能性もある。条約と国内法にズレが生じた場合、それを埋める責任は当該政府にあるという主張が、これまた根元から掘り崩されかねないのである。すると、歴史問題はいま以上にこじれることは必定だ。

次に、これも既視感を持つ事項だが、統一朝鮮が形成されれば、当然ながら軍事的・技術的に重要な品目に関する輸出管理は、より厳格化されるだろう。「プレイステーション」のような民用ゲーム機ですら北朝鮮に対しては現在、輸出規制がかかっている状況に鑑みれば、現状の対韓管理よりも輸出のハードルはかなり高くなるとみてよい。これが政治問題化するのもまた、予期可能な事態であるように思われる。

日本による1910年から1945年のあいだの統治によって、南北が分断したのだというロジックによって、統一に関するコスト負担を求められる可能性も考えられる。改めて言うまでもなく、南北分断は東西冷戦によって生み出されたもので、日本による統治時代は関係ないのだが、そうした「無理筋」の要求であっても、コストが膨らめば何らかのかたちで負担分担要求をしてくるかもしれない。

いずれの問題をとってみても、政治的に関係が「より良くなる」希望を持てるとは言い難い。1960年代以前に、すべての関係性が巻きなおされると考えてもよい。よりささいな問題についても、たとえば分断国家でなくなれば国連安保理の非常任理事国にも当選しやすくなるだろうから、日本とこの議席を争う機会は増えるだろう。こうした点でも、国家のメンツをかけて争うことになりかねず、好ましい関係を阻害する。少なくとも、現状の文在寅＝金正恩ラインの主導する「統一」によって、政治的関係がより良くなることはどこをとっても考えにくい。

統一なら大きな打撃をこうむる韓国経済

経済関係に目を移すと、「コリア・パッシング」（韓国飛ばし）を進めなければならなくなる。韓国経済が統一によって、大きな打撃をこうむるからだ。ゴードン・チャンも本論のなかで指摘しているが、統一によるコストは、朝鮮半島経済を大きく弱める方向に働く。統一にかかる費用は最大5兆ドル（約550兆円）と試算されており、そのほとんどが韓国の肩にのしかかることになる。

たとえば、ドイツ統一のケースを参考に、どれほどの経済的打撃があるかを考えてみよう。統一直前の旧東ドイツの人口は、旧西ドイツのおよそ4分の1であった。1人当たりの国内総生産（GDP）は旧東ドイツが旧西ドイツの50パーセントほどである。これに対して、北朝鮮の人口は韓国の2分の1であり、1人当たりのGDPは韓国の5パーセント程度だ。つまり、単純計算だが、人口規模での衝撃がおよそ2倍、1人当たりのGDPの面での衝撃がおよそ20倍、ドイツ統一に比べて朝鮮半島統一にはかかる。

相対的に見れば、かなりドイツ統一は状況が良かったと言えるのだが、それでもなお、旧西ドイツから旧東ドイツにかかった統一のコストは、少なくとも約1兆6000億ユーロ（約224兆円）、推計によっては2兆ユーロ（約280兆円）に達した。上記の単純計算で見比べると、550兆円と見積もられている統一コストは、これでもまだ控えめなのではないかと思われるほどだ。北朝鮮の相対的な貧困度を考えると、生活保障と医療保護を少なくとも彼らに与えなければならないだろう。義務教育をはじめとする北朝鮮の公共サービスを韓国の水準に引き上げるためにも大規模なコストがかかる。ドイツのような人口の自由な移動を認めれば、労働市場には大きな外生ショックが与えられる。ちなみに、北朝鮮の金日成は1993年に発表した「統一のための十大綱領」のなかで、国境を開放して両国民の行き来を認めつつ、2つの政治体制を残すとしていた。労働市場に与えるショック（ないしパニック）は、予想不可能な出来事ではない。

こうした状況に陥る統一朝鮮と、民間レベルの交流や経済的相互依存関係が強まると予期するのは、甚だ難しい。「コリア・パッシング」は、文在寅による野心的な統一事業に、おそらく必然的に付随する課題となろう。

「善のコリア」と「悪の日本」という危険な対立

このように見てゆくと、「政冷経熱」どころか、政治面でも経済面でも、文在寅による統一政策が進んだ後の朝鮮半島と日本の関係は、良くなる見通しを立てることはできない。その先に、最終的に予期しうるのは、「ジャパン・パージ」である。統一を達成した「善のコリア」と、過去の責任も顧みようとしない「悪の日本」という位置づけで、彼らの統一ナショナリズムは形成される可能性があるからだ。そして、問題が善と悪に還元されてしまうと、日本とのいっさいの接触は「悪魔の誘惑」であり「善への裏切り」となる。

20世紀以降の百年余を見ても、この二項対立が危険な結果をもたらすことを、我々は十分に知っている。冷戦初期の、自由主義対共産主義の枠組みが強固であった時代、アメリカではマッカーシーの「赤狩り」が、ソ連ではスターリンの「粛清」が吹き荒れた。冷戦後は、アルカイダのテロによって「文明国対イスラム」という対立構図が描かれ、人種差別とテロの応酬は、いまだ止んでいない。

こうした過去を顧みれば、統一朝鮮では「赤狩り」ならぬ「日本狩り」が呼び起こされる危険すら孕んでいる。たびたび日本製品の不買運動が発生し、各種交流事業の中止も起きている現状に鑑みれば、過去に日本との良好な関係を模索した人々への弾圧へと、すなわち「日本狩り」へと発展する恐れは低くない。たとえば、「日本はあれほど我々を攻撃しているのに、財閥は日本にすり寄り、利益確保を優先する利敵集団だ」と文在寅や金正恩は主張するだろう。そのとき、韓国世論はどう反応するか。すでに、日本製品の排除などが支持され始めているなか、「利敵企業」の排斥が始まる恐れは十分にある。

何を大げさな、と考える向きもあるかもしれない。しかし、二項対立に規定されたなかで、マッカーシズムやスターリニズムを、世界は経験してきた。マッカーシズムを、当初、アメリカ人の多くは一過性のヒステリーに過ぎないと冷笑していたのである。我々は、この予期しうる脅威を冷笑せず、真剣に対応を検討しておく必要がある。

「ドミノ理論復活」の可能性が

ところで、アメリカ政府はゴードン・チャンの危惧する同盟の掘り崩しを、どう見ているのだろうか。

まず前提しておきたいのは、アメリカは北朝鮮をバックアップしている中国と、「敵対しない」というオプションを採れないということだ。中国がアメリカの安全保障上の脅威となっていることについては、民主党の多くももはや認識している。中国には決然と対応しなければならないということについては、いまや超党派の合意がある。

すると、金正恩に有利な条件で統一朝鮮が形成されるならば、中国の影響力拡大であるとして、「ドミノ理論」が復活する可能性がある。「ドミノ理論」とは、冷戦初期に考えられた安全保障に関する理論で、敵対的な政治体制（この場合、共産主義）に地域のある国が吸収されると、ドミノのように立て続けに政治体制転換が生じる、というものだ。これを避けるために、共産主義体制への転換を防がなければならないと考えたため、アメリカは朝鮮戦争やヴェトナム戦争に突入していった。もしも米韓関係が冷えたまま、統一朝鮮へと文在寅が突き進むならば、この「ドミノ理論」のような判断をアメリカ政府がなすように、私には思われる。

このことはただし、条件をつけて考える必要もある。仮に北朝鮮主導であったとしても、統一を成し遂げた「コリア」が必ずしも中国に「べったり」であるとは限らないからだ。北緯38度線における敵対関係が消滅し、在韓米軍が撤退したとき、北朝鮮寄りの政府が中国にこれまでと同じようにべったり依存する理由は低くなる。日本との関係がよくなることは期待できないが、さりとて中国と良好なままで居続けられるかは、分けて考える必要がある。この点は、留保が必要だ。

そうだとしてもなお、文在寅を中心とした韓国左派に、ドナルド・トランプ大統領はほとんど期待を寄せていない。それればかりか、北朝鮮に対する制裁の箍を緩めないよう、警戒しているというのが本音だ。たとえば２０１８年10月、韓国が対北援助の再開に動くことに関し、トランプ大統領はホワイトハウスで「韓国は米国の承認なしに何もできない」と3度も繰り返したことがある。彼の苛立ちがここからは透けて見える。

同盟関係に釘を刺すアメリカ

同じように、２０１８年11月、ハリー・ハリス駐韓大使は、「米韓同盟を当然視してはいけない」と韓国側に釘を刺している。報道によれば、ハリス駐韓大使は、非核化をそっちのけにして北朝鮮との和解を進めようとする文在寅の政策を婉曲的に批判し、同盟の将来に警告を発した。大使は、「金正恩委員長が非核化に関する自身の約束を守る時にのみ制裁解除は可能になる」と指摘、北朝鮮が具体的な措置をとるまで、制裁は維持されるべきだという考えを示した。しかし、文政権が制裁緩和を唱えるばかりで、北朝鮮の非核化に取り組まないのであれば、「米韓同盟がいつまでも続くと考えてはならない」と警告したのである。在韓米軍基地がたとえアメリカの戦略的な利益のために必要であったとしても、韓国の政権の意向ないし国民の意思によっては、離れる用意があるということである。トランプ大統領やハリス大使と同じような、諦めに似た韓国への現状認識を、私はアメリカ議会にいる知人からも耳にした。

もっとも、アメリカが韓国に愛想を尽かして離れて行く、という状態は、もしかすると文在寅とその側近たちが望んでいることなのかもしれない。ゴードン・チャンの議論に沿うと、文政権はむしろアメリカが愛想尽かしするようなことばかり、あえて行っているからだ。「あなたたちが勝手に怒って出て行ったのだ」という状況を、文在寅は作りたがっているのかもしれない。

このことは、フィリピンにあるクラーク基地の事例を想起させる。独裁的ではあったが親米的でもあったマルコス政権を倒した後のフィリピン政府が、「民族主義」を掲げて米軍撤収を言いだすと、アメリカはピナツボ火山噴火を口実にクラーク基地から迅速に撤退した。その後に、中国海軍がフィリピン沖へと進出を始めたのは、周知のことだろう。アメリカ政府は、反米的な韓国世論と、中国への封じ込め政策とのあいだのジレンマに立たされつつある。

「戦争屋」を嫌うトランプ大統領

一方で、アメリカが金正恩による非核化に期待を抱いているのも、事実だ。それは、上記のハリス駐韓大使のコメントからも理解できるだろう。武力行使には、巨大なコストと不確実性がつきまとう。一時的には大統領への支持率が上昇するものの、あまり長続きしないのも、これまでの傾向だ。

トランプ大統領はこうした傾向を熟知しており、一般に流布されているイメージとは異なるかもしれないが、「戦争屋」を嫌う。たとえばそれは、2019年に起きたジョン・ボルトン安全保障補佐官の解任から、はっきり窺うことができる。ボルトン補佐官は、北朝鮮やイランに対して武力行使による体制転換を主張する強硬派である。彼は、2001年に発足したブッシュ・ジュニア政権において国連大使などを務めたが、国連を信頼するどころか、「私は国連を解体させに来た」と言ってのけ、9・11事件以降の「テロとの戦い」を主導した。実際に、2003年のイラク侵攻では、コリン・パウエル国務長官ら穏健派を抑え込む、重要な役割を果たした。彼は軍事力で問題の解決を目指す「力の信奉者」であり、補佐官に就任する際には、ジム・マティス国防長官から「あなたのことは悪魔の化身だと聞いている」とまで皮肉を言われている。

トランプ大統領が進めようとしているイランのロウハニ大統領との直接会談や、ザルメイ・ハリルザード特使を中心に進められているアフガニスタンの反政府武装勢力タリバンとの和平交渉などに、ことごとく反対し、制裁継続と軍事力の用意を進言したのが、ボルトン補佐官の解任の理由だ。取りも直さずこれは、トランプ大統領が「戦争屋」を嫌っており、戦争によって支持率や儲けを得ようという考えを持つ人物でないことを示している。トランプ大統領は、アメリカの安全保障が直接的に脅かされない限り、軍事力の展開や行使には極めて慎重なのである。朝鮮半島情勢に則して言い換えれば、文在寅が北朝鮮の非核化をきちんと推し進めるのであれば、取引《ディール》には乗る人物である。

アメリカが「見放す」ように仕向ける文政権

ただし、北朝鮮が信用のおけない国家であるということについてもまた、超党派の合意は存在する。オバマ政権の時代に、北朝鮮への政策は「戦略的忍耐」(strategic patience)と呼ばれており、なるべく静観するという姿勢であった。しかし、ジョン・ケリー国務長官はしばしば、これを「戦略的苛立ち」(strategic impatience)と皮肉り、賛成しがたい旨を公言していた。民主党だから北朝鮮に甘いというわけではなく、単に圧力のかけ方がトランプ政権に比べて生温かったに過ぎない。北朝鮮の脅威と信頼の置けなさは、これまた共和党・民主党問わず、共有されている現状認識なのである。

したがって、北朝鮮や韓国がどれほど、「敵対的政策をまず取り下げろ」と主張したところで、これは現実的ではない。究極的には、「断首作戦」とも呼ばれる外科的攻撃（サージカル・アタック）を準備しつつ、なるべくディールの範囲で済ませたいというのが、現政権の対北朝鮮政策についての本音である。

同時にそれは、「平和的手段を尽くした」という、武力行使の正当性を保つためのエクスキューズでもある。本論から逸れるためにここでは詳述しないが、武力行使は平和的手段を尽くした後の「最後の手段」としてのみ、正当であるとされる。すでに北朝鮮については、国連安保理においてたびたび議題に付され、核開発と弾道ミサイル実験は国連憲章に規定された「国際の平和と安全に対する脅威」であると認定されている。これに基づき、経済制裁という強制措置が採られ、それが効果を生まないということも明らかになりつつある。あとは、直接会談まで行って平和的解決に尽力し、それでも脅威が除去できないということになれば、自衛権の行使として武力行使を行う、こうした道筋がワシントンでは描かれている。

軍事的オプションが手放されたわけではないが、それでも極力これを避けるというのが、トランプ政権のやり方だ。そのトランプ政権のゴールである核放棄に、文在寅が協力しない限り、韓国と北朝鮮の宥和政策など黙認もできない。これが政権の立ち位置である。しかし、繰り返すように、このアメリカの方針にあえて反するように行動し、米韓同盟をアメリカから「見放す」ように文在寅は仕向けている。これに対して、我々が取り得る手立てはあるのだろうか。

文在寅的な政治を勝利「させない」ために

それはずばり、韓国の親米・親日保守と改めて太いパイプを築き、民間交流から政治を巻き込んでいくことである。アメリカ側でも、保守派に期待している。彼らをして、文在寅政権の対北政策を阻止させるよりほか、この難局を脱する手はない。あくまで韓国の問題は韓国国内で「自決」してもらうより他ないが、我々としてもそれを側面支援はできる。

民間交流は日韓のあいだでかなりの積み重ねがあるが、それだけでは足りない。交流がどれほど量的に拡大しても、政治的な意志によって関係を断ち切ることが可能であることを、文在寅政権は示している。やはり、政治を巻き込んでゆくという「跳躍」が必要であり、そのカウンターパートは、親米・親日保守の政治勢力をおいて、他にはない。

こう言うと、よく指摘される批判が、保守勢力は分裂しており力がない、ということである。全斗煥《チョン・ドファン》政権らと学生運動として戦い、民主化を勝ち取ったという自負のある進歩派のほうが、現時点ではまとまりがあるといわれる。２０１９年9月から10月にかけ、私は韓国の保守派に招かれ、現地での反文在寅デモにも参加してきたが、残念ながら、現時点で保守勢力が分裂しているというのは事実である。「仲間内」であるはずの一部の保守派議員への罵声も見られた。このことは、否定しようがない。困難な課題ではあるが、これらをまとめる軸を作り、保守の連合を作るように促すことが、日本やアメリカのなすことのできる、目下最適な政治的選択肢であると私は思う。

これに向けた希望を見出すことも、実際にできる。たとえば、「ウリ共和党」の代表である趙源震《チョ・ウォンジン》氏である。「ウリ共和党」という党名は、親日的であった朴正熙《パク・チョンヒ》元大統領の「民主共和党」へのオマージュである。民主共和党は、１９６３年から80年まで朴正熙政権を支えた与党であった。

趙代表は、「自由民主主義と市場経済を強固にし、米韓同盟を基盤に強固な国家安保体制を維持しながら自由民主平和統一を追求する」と述べ、「李承晩大統領の建国精神、朴正熙大統領の富国強兵精神、朴槿恵大統領の自由統一精神を継承する」と言う。いわば、韓国の伝統的な反共保守の王道を行っている。「太極旗勢力の総結集」をうたう同党には今後、少なくない議員が合流すると見られている

従来と異なる「韓国ナショナリズム」の芽生え

さらに未来を感じさせるのが、「夜明けの党」という新党を立ち上げた、パク・ギョル氏である。彼は親日保守を自任している。大柄で若くハンサムな人物であり、彼の演説には人をひきつけるものがあった。特にパク・ギョル氏に期待を寄せられるのは、若い世代に従来と異なる「韓国ナショナリズム」が芽生えているからだ。

こう書くと、奇妙に思われるかもしれない。日本がこれまで直面してきた韓国の「ナショナリズム」とは何だったのか、と。だが、現実のものとして、新たな世代のナショナリズムが韓国では生まれつつあるのだ。それは、ゴードン・チャンが本文でも触れているように、北朝鮮と自分たちを「同じネイション（国民）」だと考えない、「韓国オリジナル」なナショナリズムである。この勢力が増すに従い、統一を支持する世論も低下しているのだ。

韓国政府系シンクタンク・韓国統一研究院の調査によると、2018年には統一を支持するという人口は、58パーセントに低下している。1969年に政府が実施した別の調査では、90パーセントが統一を支持すると答えていた。そしてこの数字は、世代が若くなればなるほど、低下する傾向にある。私が聞いた限りでも、「同じ民族だからという理由だけで統一すべきとは思わない」、「中国や日本と同じように、別の国家として北朝鮮を認識すべきだ」と語る人が少なからずいた。

こうした、分断国家における新たなナショナリズムの発生は、東アジアの周辺国を見渡してもそれほど奇異なものではない。たとえば、台湾において1990年代以降に、中国と異なる「台湾ナショナリズム」が湧きおこり始めた。李登輝総統がこれを牽引したのだが、日本の統治時代を含めて、100年近く大陸中国と別の統治構造のなかで生きてきたのだから、別のナショナリズムが生まれるのは、ある意味で当然のことだ。生活習慣も、言葉さえも違えば、「同じ国民（ネイション）」だという意識を持とうにも、限界に突き当たる。

朝鮮半島でも、1948年以来70年以上にわたって南北は「別の国」として暮らしてきた。世代は3世代ほど替わるし、ライフスタイルも大幅に変わる。文在寅の場合、朝鮮戦争で北側から逃れてきた人々の子供であるため、北朝鮮に対して親近感を持つのかもしれないが、これは一般国民に必ずしも共通するものではない（なお、文在寅は訪朝した際に、「離散家族」として叔母との面会を果たしている）。まして、かたや自由民主主義陣営の最前線として存立してきた国家と、かたや個人崇拝を強要された独裁国家である。政治体制も違えば、思考様式も違う。「どこかで血がつながっている」というだけでは、ナショナリズムを共有するのには不十分なのだ。その「血の共有」も、世代が下るごとに薄くなる。

そうした若い世代の「韓国ナショナリズム」は、周知のように非常に日本に対して友好的だ。文化的な共有もそうだし、日本語を自在に操る人も多い。修学旅行で日本に来たことがあるという人もいれば、個人旅行で来たこともある人も大勢いる。日本で「韓流ブーム」を若い世代が引っ張ったように、韓国でも若い世代は反日政策に積極的ではない。むしろ彼らは、交流や行き来もできない北朝鮮を、「近くて遠い国」として認識している。

日本も韓国も自制的であるべき

これは日本人読者への訴えかけだが、「韓国は反日だ」などと大雑把な切り取り方をせず、きちんとこのような現実を見てほしい。世代が替わり、政権が代われば、いろいろな意見が出てくる。第二次世界大戦が遠くなるにつれて、そうした解釈の差はより大きくなるだろう。若い世代のなかにも日本嫌いはいるだろうが、日本好きも相当に多い。「歴史問題などいつまでも引きずるべきではない」というコメントを、私は韓国で、確かに何度も耳にしているのだ。

この事実を認識すると、歴史問題は、それぞれの国が自国で律すべきであるように、私には思われる。どういうことかといえば、日本も自制的でなければならないし、韓国も自制的であるべきだ。歴史問題について韓国のせいばかりにせず、日本にも自制があってよい。その基礎は、「反省」と「謝罪」をセットにせず、切り離して考えることである。

１９１０年の日韓併合から１９４５年の敗戦までの37年間に、日本に誤りがなかったわけではない。日本国内ですら、無数の政治的誤りがあったのだから、植民地政策において誤りがなかったと考えるほうが、常軌を逸している。独立運動を弾圧したこともあったし、鉱物資源を中心に日本企業が独占したのは事実だ。これについて、よりよい日本の政策を考えるため、よりよい日韓関係を考えるために日本が「反省」することは必要だ。この点で、日本は自らを律すべきであろう。

しかし、それを実行した世代から、少なくともいまの現役世代は３世代、４世代は後になっている。祖父や見たこともない曽祖父の行ったことについて、現役世代が謝罪する必要はない。そこで謝罪しろと言われても、自分の行ったことではないことに責任の取りようがない。責任のとれない謝罪が、真の謝罪だとは、私は考えない。

この点で、韓国も歴史問題について自国で律してほしいと思っているし、そのように韓国保守派にも伝えている。謝罪を求めるのではなく、相手が反省をしたのだったら、そのあとは乗り越えよう、握手へと昇華しよう、こうした機運を高めてほしい、と。韓国には「易地思之」（ヨクジサジ）という思想があると聞いている。相手の立場、相手の心情を考えるということだそうだが、「過去の日本人」ではなく、「現在の日本人」と向き合うことを、強く望んでいる。

こうした話を率直にすれば、少なくとも韓国の保守派の人々は、きちんと受け入れてくれる。そうであれば、彼らと胸襟を開いて話し合い、より良い未来とするべく、共通の構想を見出すことが可能である。

目下の目標（2019年末時点）は、2020年4月に予定されている韓国国会総選挙（300議席）において、保守派の復権を確かにすることだ。そこから、反文在寅への反撃の狼煙が上がる。その狼煙を上げることができなければ、東アジアの将来に、暗く長い

影が落ちることを、ゴードン・チャンは警告しているし、私も本稿で指摘したつもりである

おわりに

以上の考察をまとめると、次のようになる。

第一に、ゴードン・チャンが議論しているのは、「防衛境界線の内側からの掘り崩し」である。これは、東アジアの安全保障環境を大幅に変更し、日本の防衛能力についても大がかりな見直しを要請する。言い換えれば、イスラエルのような「ハリネズミ国家」に日本がなる将来まで、考えなければならない事態である。経済的・政治的にも、ゴードン・チャンの分析が現実化することは、好ましくない。統一朝鮮は歴史問題や輸出管理についてより複雑な状況を生み出すであろうし、統一に関するコスト負担すら日本に求めかねない。その統一コストは、550兆円とも言われており、韓国経済は深刻な打撃をこうむる。「コリア・パッシング」が現実的なものとして生じてしまうだろう。

第二に、トランプ政権は、文在寅の韓国に、あきらめに似た認識を抱きつつある。ハリス駐韓大使が米韓同盟への危機感を表明したのは、その表れである。一方で、北朝鮮の非

核化には一定の期待を寄せつつも、軍事的オプションを排除したわけではない。アメリカ政府は、米韓同盟の利益を認識しつつも、韓国国内の政治事情に配慮するという、板挟み状態に置かれている。そこで見切りをつけ、在韓米軍を撤退させるようなことがあれば、それこそ文在寅ならびに金正恩の「思うつぼ」である。

第三に、こうした最悪の事態を避けるためには、韓国国内の保守派を側面支援し、団結させる必要がある。特に、「北朝鮮と自分たちは違う」と認識している、若い世代の新たな韓国ナショナリズムに期待することができる。日米が連携して、彼らの親米・親日感情を高め、韓国ナショナリズムとして定着させるよう、働きかける価値があるだろう。

アメリカにとって韓国は、ゴードン・チャンが言うように、「血で鍛えられた」同盟関係である。だが、その惨事である朝鮮戦争も、停戦から65年が経った。文在寅のような見直し勢力が現れたというのは、朝鮮戦争において流された血が、遠くなったということかもしれない。しかし、このまま文在寅と金正恩による宥和政策が推し進められてしまえば、その先には「武力行使なき朝鮮動乱」という、きわめて不安定な東アジアが生まれてしまう。これは「血が流れていない」というだけで、平和と呼ぶこともできない事態のはずだ。文在寅は事あるごとに、「平和を求める」と言っているが、地域の国際秩序を不安定化する政策が、「平和」であるはずがない。

私たちに可能なのは、彼の独善的な政策を阻害し、地域に安定と秩序をもたらすための協力相手を支援することだ。ラディカルな変革ではなく、現状をきちんと認識し、足元を踏み固めながら、未来への漸進的な改革を模索してゆく。ひとことで言えば、これこそ「保守」に他ならない。いまこそ、日・米・韓の保守派が協力し、地域に安定と秩序をもたらすべく、動き始めるときなのである。これは、遅きに失してはならない、火急の課題である。

2　２０２０年　日本にのしかかる「韓国リスク」

産経新聞編集局社会部編集委員　加藤達也

朝鮮半島の近未来を示す

ゴードン・チャンの論考『韓国消失（Losing South Korea）』は文在寅政権の国内、対外の政策動向と、その動機や背景を過不足なく俎上に乗せて分析することで、日本人の眼前に朝鮮半島の近未来を示してくれている。それを元に見通せば朝鮮半島の先行きは日本にとってますます深刻だと言わざるを得ない。

ただ最悪の事態が到来する前にそれを明確に予見できたことは不幸中の幸いと言うべきだろう。日本にとっての朝鮮半島リスクは文在寅政権に入って「慰安婦問題」などの歴史認識――感情的で抽象的なもの――を超え、経済や安全保障、軍事など国民の財産や生命に及ぶものに移行している。日本はこれから一層、韓国の動向を観察し、そこに起因するトラブルを低減し、回避する努力を迫られるに違いない。

そうした状況下では、文政権で起きた様々な反日的事象が日本に対する脅威となっていることを強く意識する必要があるが、まずは「徴用工」問題への対応を通し、チャンも指摘する文政権の「自己中心性」を考察する。

徴用工問題と文政権の自己中心性

韓国最高裁が新日鉄住金（現日本製鉄）に対し、「徴用工」だったと主張する韓国人4人に総額4億ウォン（約4千万円）の賠償を支払えとの判決を確定させたのは2018年10月だった。ちなみに、ここであえて「『徴用工』だったと主張する」としたのは、4人の来日が実際には日本政府の戦時徴用令に基づく労務のためではなかったことをはっきりさせるためだ。

この韓国最高裁の判決について、日本政府は「日韓の法的基盤を根底から損なった」と指摘し、韓国側に「国際法上の違法状態」を解消するよう求めたが、文政権側は「韓国の司法判断に従え」とするばかりで、問題解決に動かなかった。もっとも、文氏は釜山の弁護士当時の１９９０年代、この訴訟の初期に相談に乗っている。その訴訟が日本に勝ったわけだから、〝民主派〟弁護士を自任する文氏にとっては経歴に花を添える事件なのであって、日本側の意向に耳を傾けるわけもなかった。

韓国における同種裁判をめぐっては、２０１９年７月、三菱重工業の原告団が、同社の在韓資産を差し押さえている。裁判所が売却命令を出せば現金化の運びだ。ここで現金化の対象となった資産は商標権２件と特許権６件（総額７３００万円）。ただ、韓国では同種の訴訟で70社を超える日本企業が提訴されているとされる。

日本企業を被告とする一連の「徴用工」訴訟で、代理人弁護団は韓国内で後続訴訟の「被害者」（原告）も募集。一方で、韓国政府は「戦犯企業」として日本の２７３社を指定している。万が一これらの企業が被告となり、「徴用工」の家族だとする人々が続々と提訴すれば、日本への請求は兆円単位にも上る可能性がある。

日本企業側は政府と対応を調整し、不当な要求には一切応じない姿勢だ。ただ、たびたび来日して企業を訪れ、集会を開いている韓国側の代理人弁護団らは「日本が韓国を植民地化したこと自体が違法だ。違法な状況下で人権を踏みにじられたお年寄りを救済しないでいることに日本人として心が痛まないのか」と、〝良心〟を攻める。

歴史認識に人権問題を絡めるのは韓国の常套手段だが、この代理人弁護士らはさらに「日本政府が企業に賠償も和解もするなという指針を示したことは重大な人権侵害だ」と非難し、企業と政府との方針を分断させる戦術も取る。現在、「1＋1」や「1＋1＋α」などとして、韓国企業に加え日本企業にもカネを出させる案を念頭に置く韓国政府の姿勢と重なる。

2018年の最高裁判決の直後、代理人弁護士らはメディアで、「外国に新日鉄住金の財産があり、その国が韓国の判決を承認すれば、その財産を強制執行（で差し押さえ）できる」という手法を主張した。日本企業が支払いに応じなければ、欧米や東南アジアなど第3国での強制執行手続きに出るぞと、におわせるのは、国際訟務に莫大な時間と資金がかかることを前提に、「コストが安いのはどちらか考えろ」と日本企業を恫喝しているようなものだ。

日韓軍事情報包括保護協定（GSOMIA）の破棄撤回をめぐる交渉でもそうだったが、韓国側は日本政府に対して人質交渉的な選択を迫る。協定の破棄撤回をめぐる交渉では、GSOMIAと輸出管理強化の見直しを同じテーブルの上にのせ、要求を突きつけている。

代理人と政府の思考パターンが同一なのは偶然ではない。

文政権も代理人弁護団も、韓国側には自分たちの意向になびかない日本の企業や個人を攻め続けることを善とする傾向がある。背景には自分たちを絶対の「正義」だとする発想があり、今後も日本への理不尽な要求は続くことになろう。

自衛隊哨戒機への火器管制レーダー照射問題

日本にとって「韓国」は既に歴史戦の相手だけではなく、軍事・安全保障上のリスク対象となってしまったという認識も必要だ。

２０１８年12月、韓国駆逐艦「クァンゲト・デワン（広開土大王）」が、海上自衛隊のＰ１哨戒機に火器管制レーダーを照射した。韓国側は「海自機の威嚇飛行」に対する行動で適切だったと主張しているが、これで日本側の韓国への軍事・安保上の不信感は決定的なものになった。

事件後、文政権は日本側の「威嚇飛行」には「適法かつ必要な措置」を取ると決定。軍は「規則に従い強力に対応する」と表明した。「威嚇」については国際的な尺度ではなく韓国側がそう感じたら威嚇なのだともしている。

韓国側の決定について日本側は「交戦規則（ROE）に従った行動を取ると言いたいのではないか」（外務省関係者）と受け止めた。

ROEは通常、非公表だ。ただ、海自当局者によれば不明航空機接近のケースでは、敵性識別（第1段階）▼意図と目的地の問いかけ（第2段階）▼火器管制レーダーの照射と、並行して再度の問いかけ（第3段階）——が考えられるという。

応答も進路変更もしない場合には最終手段として「迎撃」もあり得るが、民間機や非攻撃型軍用機への攻撃は基本的にはない、とみるのが常識的だともいう。

ただ一般に武器を搭載していないP1に対して第2段階を飛ばしてレーダーを照射したクァンゲト・デワンの行動はやはり異常だ。

「レーダー照射」は、ミサイルや魚雷発射管の指向と同様に「洋上で不慮の遭遇をした場合の行動基準（CUES）」で「模擬攻撃」に分類され、「避けるべき行為」に当たる。

CUESに法的拘束力はないとはいえ各国の軍が合意した国際規範を破ることは韓国軍への国際的信頼を損なうだけで、メリットなどないはずだ。

日本人の目に映る「2つの韓国」

あまり知られていないが、この事案が発生した直後、米国防総省はクリスマス休暇に入っていたにもかかわらず、韓国軍の駐在官を呼び出した。国防総省の担当官は、レーダー照射と北朝鮮との関係性を集中的に聴取した。米国は、日韓関係が急速に悪化している中で、韓国軍そのものが北朝鮮に迎合しすぎているとして、事件の背景に懸念を強めていたのである。米国の疑念の核心は、韓国の政府・軍が、日米韓の安全保障の協調を脱して北朝鮮や、背後の中国、さらに中国と軍事協力を強めるロシアへ自ら取り込まれようとしているのではないかというものだった。

一方、レーダー照射問題発生直後、韓国側でも水面下での動きが活発化。韓国海軍参謀総長が直々に実態調査に乗りだし、クァンゲト・デワンの艦長（海軍大佐）に事情聴取を試みた。だが、「青瓦台（大統領府）が、海軍参謀総長の調査にストップをかけた」（韓国政府関係者）。

おりしも、青瓦台は当時、人事権をちらつかせて陸軍など軍部への介入を強めていた。レーダー照射事件は、そのさなかに起きた。

こうした状況から、日米の情報当局は、「文政権が艦長に日本とのもめ事を起こすよう国が引き起こしたGSOMIA騒動を通じてゆるぎないものとなっている。日米の不信感は、韓国が引き起こしたGSOMIA騒動を通じてゆるぎないものとなっている。

いま日本人の目には、2種類の「韓国」が映る。一つは「反日無罪」とばかりに「日本」への憎悪をむき出しにする親北政権の支配する国。もうひとつは韓流ファンの心をつかむような、洗練されたファッショナブルなイメージの国だ。2000年代の初め、日本では韓流ブームが起きた。この間、日本のメディアや研究者の中には、日韓関係の明るい未来を信じて疑わない人々がいた。だが同じころの韓国では、日本が相手ならば何をしても許されるのだといった差別的な反日心情が多くの人々に息づいたままだった。韓国での経済や外交での日本の相対的な地位、存在感が低下したとみるや、あらゆる領域で日本を軽視し、かつてほどの力はないとみなす「克日」意識が高揚した。多くの日本人は、日韓関係の「現状変化」に目を閉ざしたまま、「韓流」の国に視界を覆われていたのだ。

ソウルで2010年7月、当時の重家俊範駐韓大使が男に襲撃され女性大使館員が負傷する事件があった。また2011年12月、大使館前路上に慰安婦像が設置されると、1か月もたたない2012年1月には、大使館の敷地に火炎瓶が投げ込まれた。慰安婦像は、日本政府が外交公館周辺の静穏や品位の保護を定めたウィーン条約に抵触する不快施設に当たるとして再三、撤去を求めているにもかかわらず、韓国側が設置を許容したものだ。大使館は2019年の夏にも、仮移転先のオフィスビルの1階に可燃物を積んだ車が突入する攻撃を受けた。これらの事件、事象の背景には「克日」があり、日本軽視がある。さらにその底には、韓国を善、日本を悪とするゆがんだ歴史認識、〝韓善懲日〟の世界観が横たわる。それが日韓関係の本質なのだ。

日米韓の安保協調をためらわなかった朴槿恵政権

文政権は、対日政策において〝対抗〟的であり〝懲罰〟的である。それは、慰安婦問題その他の問題から逃げ、対日外交に正面から取り組むことから逃げた朴槿恵政権の〝回避〟的姿勢と比べ質的に異なる。

2013年2月に就任した朴前大統領はまず、安倍晋三首相を避け続けた。初の首脳会談が実現したのは就任2年9か月後の2015年11月だ。そして在任中、とうとう一度も訪日しなかった。

2012年の大統領選当時から文在寅氏ら進歩陣営は朴氏を「親日」――韓国では売国奴と近い意味で使われる――だとして批判していたが、朴氏は「親日」の呪縛から逃れることができなかった。その結果、いわゆる慰安婦問題では日本側に謝罪などの対応を求める一方で、国内では調整に政治的エネルギーを費やすことなく放置した。

ところが朴氏は2015年の後半、対日姿勢を急変させた。米国の仲介の下、安倍政権との積極的な意思疎通に転じたのである。

朴氏は対日懸案の解消にも乗りだし、初の首脳会談の翌月には、日本側が10億円を支出して基金を創設する「慰安婦合意」を受け入れた。

日本の政府高官は朴氏の姿勢転換について、《北朝鮮の金正恩政権が近く核やICBM（大陸間弾道ミサイル）の開発、実験を加速させ、挑発を強める》というインテリジェンス（諜報）に接したためだと分析している。当時の韓国政府筋は、朴氏が遅くとも2015年の後半には日米と北朝鮮の脅威情報を共有し、密かに金正恩政権打倒の特殊工作を情報機関に命じていたと打ち明けるのだ。

北朝鮮の侵略的脅威に対抗するためには、国内世論が反発しようとも日米韓の安保協調をためらわないのが、朴氏の政治のプライオリティーだった。

激しさ増す文政権の「親日の清算」闘争

一方、文氏は「親日清算」という政治スローガン、公約を掲げているが、文政権にとって「反日」は単に歴史戦の戦術にとどまらない。それは、北朝鮮との統一政策とも絡む内政問題なのだ。文氏は「朴槿恵」を象徴とする反北保守勢力を「親日」というキーワードでくくり、これを「韓（朝鮮）民族の宿敵」と位置づけた。

文氏の「親日」排除政策は徹底している。韓国で事実に基づく歴史認識を広める活動に取り組む金基洙《キム・ギス》弁護士によると、文政権は韓国の軍、情報機関、警察、公共放送（KBS）などに「積弊清算委員会」を設置、職員の「親日」的な言動を監視している。金弁護士はこの動きを、「国家機関を文政権の親衛隊に改編しようとする試み」だと看破している。

さらに文政権は、歴史上の出来事について、自らの政権が認定する以外の解釈を加えたり、再評価したりすることを禁ずる法案を準備している。この法律が成立すれば、たとえば、「徴用工」による対日企業訴訟の原告らについて、実際には労働者募集に応じて出稼ぎに来た労働者に過ぎなかったとしても、それ以前に「日本企業による人道犯罪の被害者」だと認定されていれば、それ以外の見解は「解釈の変更」として違法となる恐れが出てくる。

文政権がこのような強引な政策を取りがちなのは、国内で保守派と闘っているからだと見るとわかりやすい。

文政権とその熱狂的支持者は、国内の保守派勢力を「土着倭寇」と呼ぶ。

倭寇は、中国、朝鮮で13〜16世紀に九州北部などを拠点に東シナ海沿岸を中心に活動したとされる海賊・海洋交易集団のことを指す言葉だ。韓国では「外敵」や「侵略者」のような意味で用いられる。文政権では韓国内の「親日派」を、国内に「土着」した倭寇（＝敵性勢力）だとしているのだ。日本民族の蔑称であり、明らかな反日レイシズムなのだが、現在の韓国ではそれを恥じ、批判すれば「親日」のレッテルを貼られかねない。

文政権の「親日の清算」闘争は２０１９年後半、激しさを増している。文政権の選挙参謀たちは２０２０年４月に実施される国会議員選挙の争点に「親日派か、愛国者か」を据え、「最終決戦だ」と意気込む。韓国の文政権の支持者らが街頭集会で安倍晋三首相に退陣を求める姿が見られるが、これは安倍首相を土着倭寇の首魁とみなしているのである。

文政権が続けば米韓同盟は破綻へ

『韓国消失（Losing South Korea）』から、文大統領の志向のうち、日本の安全保障や地政学的なリスクに関連しそうな論点を日本の視点で改めて整理し、いくつか抽出してみた。

・文大統領は米韓同盟を終わらせることに熱心だ。文氏はどのような政策よりも朝鮮半島の統一を優先させている。文政権が続く限り米韓同盟はそれほど長く持たない。
・金正恩朝鮮労働党委員長は核の武装解除を決心していない。
・トランプ政権と文政権は《北朝鮮は核兵器と弾道ミサイルを放棄する戦略変更を行い、国際社会に復帰できる》という似通った前提に立っている。
・米国の政策は今後、現実的な対北圧力へと方針転換する。この結果、韓国との政策との乖離が大きくなる。そして、同盟は最終的に決裂する可能性がある。
・文氏は、自分に反対する言論を抑圧している。韓国の政治指導者は自由、民主主義、人権を固く信じているとはいえない。
・韓国経済は失政によって弱体化しており、このため、国民は文政権の対北急速接近政策に懐疑のまなざしを向けている。

・文氏は、日米や国際社会の目の前で北朝鮮を支援し、堂々と国連制裁決議に違反している。

このような文氏の〝頭の中〟について、日本の世論はもっと敏感であるべきだ。たとえば米韓同盟。これが解消されれば在韓米軍は存在意義をなくし、いずれ撤収する流れに入る。この結果、日米という『西側』が北朝鮮や中露など『東側』と対峙する最前線が、「将来的には現在の朝鮮半島の軍事境界線から対馬海峡に降りてくる」と指摘されるのだが、文政権は米韓同盟を終わらせる過程で、北朝鮮が韓国側に軍事侵攻しないという〝確約〟を金政権から得ている、と主張するかもしれない。

確かに、米韓同盟が解消されたからといって、北朝鮮軍がいきなり韓国・釜山に駐留することはないかもしれない。ただチャン氏が指摘するように文政権は既に、非武装地帯（ＤＭＺ）の警戒システムを解除してしまっている。２０１８年9月に金氏との間で取り交わした軍事合意は北朝鮮軍にとって攻めやすく、韓国軍にとっては守りにくくなる内容だ。つまり文政権は韓国の対北武装解除へ向けて着々と歩みを進めているわけだ。

「行き止まりの廊下」の先にある日本

政治学者で東洋の思想と政治史に詳しい筑波大学の古田博司名誉教授は朝鮮半島の地政学的な特徴を「行き止まりの廊下である」と見極めた。この見方に従えば、米韓同盟解消と南北の軍事融和（韓国軍の骨抜き）は、韓国全土が北朝鮮の南侵の廊下となり得ることを意味している。

歴史的に中国やロシアの廊下だった朝鮮半島。その南半分が、今後は北朝鮮の廊下となる――。1953年以降、在韓米軍の役割は、北朝鮮による韓国の赤化統一を防ぎ、中ロ朝の〝赤い三角同盟〟の南下を阻止し、韓国を東アジアにおける西側陣営の橋頭堡として守護することだった。国連軍が多くの血を流したのもそのためだった。いま、韓国自身の手によってその廊下が走りやすくなっている。これは皮肉以外の何ものでもない。だが問題は、その廊下の先には日本があるということだ。

大統領選まで1年を切った米国のトランプ大統領は、核実験もICBM発射もしない「おとなしい北朝鮮」を外交政策上の〝得点〟だと誇り、金氏との個人的な友好を強調してきた。今となっては、そのトランプ氏の認識が、北朝鮮の核やICBM、また戦術兵器の技術的な進展を許す時間稼ぎに悪用されたとみるべきだろう。北朝鮮はいま、強硬路線への転換をほのめかし、トランプ政権の足元を見ている。北朝鮮は既に、事実上の核保有国として、米国とは対等な立場の核軍縮交渉を進めようとしている。

この状況は、拉致被害者救出という課題を抱える日本の対北政策を難しいところに追い込みかねない。日米の安保結束がいかに強固だとしても、指導者の言動ひとつで風向きが大きく変わるのが外交である。日本は今後、対北外交をめぐり米国との間で〝総論〟協調、〝各論〟離反に陥らないよう注意を要する。

極東ではまた、日本に軍事的な対抗心をあらわにする韓国と、「核」を持つ北朝鮮の二者が「反日」というキーワードで結合しつつある脅威にも注視すべきだ。日本にとって悪夢の事態だが、まさか、そんなはずはない！　と思うだろうか。しかし、いくつかの数字は、韓国の意思を明確に物語る。

2019年7月、大量破壊兵器に転用が可能物資が、韓国企業によってイランやシリアなど北朝鮮友好国に大量に不正輸出されていたことが明らかになった。不正輸出の摘発は、文政権に入って急激に増加していた。摘発件数は2016年1月から2019年3月までに142件に上った。この行為は、国際社会の安全保障ルールを骨抜きにする危険なものだが、韓国側は悪びれる様子もない。

2018年版の「国防白書」によると韓国の単年軍事費は43兆2000億ウォンだった。日本円で4兆円あまりに上り、日本の防衛予算の85％にも達する。この伸びでいくと数年で日本の防衛費を超える勢いだ。注目すべきは、韓国軍が武器や装備品の新調、基地の増設や戦略要衝の機能強化を図るために予算増額を要求する際、「周辺国の脅威に備えるため」と説明することだ。その周辺国の筆頭は紛れもない、日本なのである。

ベストセラーになった『反日種族主義』

日本への対決姿勢で突っ走ってきた文政権だが、韓国内にはその政治姿勢に異論や反論が出始めている。街頭集会では、〝反日ｖｓ反・反日〟の構図もみられる。日本統治時代への評価をめぐる対立は、かつてないほどに目立つ。

韓国では2019年、『反日種族主義』（日本語版は文藝春秋社より刊行）という本がベストセラーになり、10万部以上を売り上げた。

著者は経済史学者でソウル大学教授も務めた李栄薫《イ・ヨンフン》氏ら。日本統治時代の朝鮮半島について公式文書などの数字と記録に基づいて読み解き、慰安婦や「徴用工」の問題など、韓国の国民、政治、アカデミズムなどに深く根を張った「反日差別」を正当化する嘘を丁寧に突いている。サブタイトルにある通り、歴史事実を歪曲した狭量な反日主義が「日韓危機の根源」であるという主張は、韓国の若い層には新鮮であり、一定の浸透力を持っている。動画投稿サイトでは、日本統治時代にこそ、朝鮮半島の近代化が進んだのだという事実に基づく構成のプログラムが、暴力的な妨害にもかかわらず若い人たちによって運営されている。

フェイスブック（ＦＢ）で自身が《親日》であると公言した中央省庁の局長級幹部も出現した。結局、勤務時間中に公職者の品位を傷つける内容をＦＢに書き込んだとして更迭されたが、そこには▼（米韓）同盟なしでは国益を守れない▼ＧＳＯＭＩＡの破棄に続き、韓米同盟も破棄するのか▼慰安婦問題への関心の１００分の1でも、北朝鮮女性たちが経験している残酷な人権蹂躙について傾けなければならないのでは——と文政権の外交安保観を懸念する内容が書き込まれており、指摘そのものは全くの正論ではないかと同調する人も少なくない。韓国——特に文政権下——では、そうした主張や行動を取ることは大きなリスクを伴うが、歴史の真実を知ろうとする機運が芽生えているということなのではないか。

東京五輪を「平昌五輪」の二の舞にするな

「親日の清算」を掲げて日韓関係を破壊してきた文政権は最近、〝反・反日〟現象に困惑し、危機を覚えている。ただ、盟友チョ・グク氏を事実上法相から更迭するなどしてはいるが、北朝鮮との「連邦」構想を放棄していない文氏の世界観に本質的な変化はない。

文政権は引き続き日本に強硬と懐柔を織り交ぜた外交戦を仕掛けてくるだろう。日本が根負けして歩み寄れば、文政権はそのこと自体を外交の戦利品として国民にアピールし、2020年4月の国会議員選挙へ向けた材料として消費するはずだ。

文政権が、米国の警告にも関わらず日米韓の安保体制から抜ける方向を強めれば、米国から見放される。文政権は早晩崩壊。韓国は安保、経済で不安定化するが、4月の国会議員、2020年の大統領の2度の選挙が、日本にも大きく影響する。この場合、次期政権が文氏の直系になってしまえば「韓国」はますます北に接近し、日本は防衛費の増額や朝鮮半島政策で国論分断という危機に見舞われかねない。

東京五輪・パラリンピックを迎える2020年は、日本にとっては主催国として何としてもこれを成功させたいと願う舞台だ。ところが、それは朝鮮半島からは全く別のものに映る。「平和の祭典」に〝民族の都合〟を持ち込んでルールをねじ曲げ、自己利益のために利用するさまを、国際社会は「平昌」で目撃した。そして、日本が願う「成功」を人質に取ろうとする動きも出ている。韓国はさっそくボイコットに言及し、「放射能」を持ち出して揺さぶる一方で、スポーツを独裁体制の発揚の道具にする北朝鮮も、想像もつかない方法で「東京」を局面転換に利用しようとするだろう。２０２０年、日本は「東京」を朝鮮半島から守らねばならない。

3　予言者のジレンマ

顔慶章

21世紀必読の本

著名な政治コメンテーターであるゴードン・チャンの最新作『韓国消失（Losing South Korea)』を大いな知的好奇心と賞賛の念とともに読了した。本書はチャンの最も著名な著作である『中国は崩壊する（The Coming Collapse of China)』（２００１年出版）に幾分か似通っている。実際、これらは両方とも予測の試みであり、ある種のプロセスによる崩壊を予言している。しかし、決定的に異なる点は、それぞれの本のページ数である。『韓国消失』はパンフレット相当の長さの出版物であり、学術誌ないし教養誌の評論と同じように読むことができる。

つまり、字数が限られており、チャンが読者に伝えたいメッセージ、およびさまざまな警告と予測についての説明がいくらか簡潔なのだ。しかし、簡潔であるにもかかわらず、厳しい警告（実際には誠実な警告）のゆえに、レスポンスに値する本である。そのため、監修者であるあえば氏がレスポンスの機会を私にも提供してくださり光栄の至りだ。しかし、資料の量が限られていることを考慮して、この書評が進むにつれて私がチャンと韓国の話題からより重要な別の地域の話題へと移ることをご容赦いただきたい。

北朝鮮主導の再統一はない

まず最初に、朝鮮半島の将来についてのチャンの悲観論を私が共有していないことをはっきりさせておきたい。幸い、チャンの予測が的中した場合に深刻な影響を被る5100万人の韓国国民のことを考慮すると、彼が想定しているタイプの朝鮮半島の再統一はありそうにないと思う。また、再統一が必ずしも恐れられ回避されるべきことだとも思わない。実際には、統一朝鮮は最終的にはチャンが望んでいるであろう種類の将来をもたらしうる。つまり、より多くの人々、北朝鮮に生きている2500万人の人々が自由で民主的な政治システムを享受する将来である。

しかし、チャンの文大統領に対する批判には慎重ながらも同意する。文大統領は北朝鮮の体制にどこかシンパシーを抱いているようで、結果として韓国の政策決定に対するアメリカ軍の継続的なプレゼンスに不信感を持っている。さらに、中国の外交政策に対する国際的な関心が高まるなかで、また中国が「一帯一路構想」を無際限かつ精力的に実現しようとしているように思われるなかで、中国はいかなる状況下でも無視しえないファクターであることに進んで同意する。

２０１８年に4月に行われた文在寅大統領と金正恩総書記との歴史的な会談は、韓国の指導者と北朝鮮の指導者による11年ぶりの会談であり、北朝鮮の指導者が韓国領内に足を踏み入れた最初の会談だった。この会談によって文大統領の世論調査での支持率は跳ね上がり、チャンによれば86％まで上昇したとのことだ。しかし、この数字は韓国人の再統一に対する支持を示す指標として解釈されるべきではない。実際、チャンが正確に指摘しているとおり、少なくとも南側においては統一朝鮮への意欲が長年にわたって着実に減衰しており、若いミレニアル世代の間で特に急速に減衰している。(チャンは「20代の回答者のうち38・9％だけが統一を支持した」という２０１７年の世論調査を引用している。)

支持が落ちた理由はもちろん多岐にわたるが、特に重要ないくつかの個の要因が本書で紙面を割いて説明されている。

朝鮮が再統一しない理由

この段階的な変化の特筆すべき理由、少なくとも即座に認識できる理由は、どんな形の統一朝鮮であれ莫大なコストを不可避的に伴うということに帰せられるだろう。北朝鮮と比べてはるかに裕福な韓国がすべてのコストを負担する以外に選択肢はない。チャンによれば、このコストの総額は１９９０年代から、彼が言うには「時を経るごとに上昇する」かたちで、推定で「約６０００億ドルから5兆ドルまで」変化した。これは容易に工面できない自明に膨大な額であり、特に上限の推定額を正確だと認める場合にはそうだ。

韓国は「東アジアの奇跡」と呼ばれる非常に成功した経済国として存立しているが、他の先進国と同様にその最も重要な部門のいくつかは利益率が低下していく傾向がある。したがって、経済減速の兆しを見せ始めている局面において、政権が主張するようなソウル史上最大規模のインフラ投資を行うには時宜を得ないと容易に理解できる。

統一朝鮮への意欲が減退している第二の重要な理由は、民族が分断された状態に耐えてきた時間の長さに帰せられるだろう。2つの朝鮮のアイデンティティは両国の政治構造のイデオロギーが著しく異なることによって対比されていたが、一つの文化が（きわめて恣意的に）2つに分割されたのだという信念が当初は根強く残っていた。しかし、朝鮮半島の両国が成熟するにつれて、アイデンティティにおけるより顕著な相違が生じている。

多くの朝鮮人にとって、家族が分断され、愛する者たちと永遠に生き別れになった悲劇は馴染みの話だが、南北が分断される以前の記憶を実体験として持っている人々は現在ではますます少なくなっている。そして21世紀も四半世紀が終わりに近づくにつれ、ますます多くの韓国人が韓国という主権国家の一員としてのアイデンティティに安住するようになっている。つまり、チャンが言うように、「朝鮮半島を一体と見る〝コリア・ナショナリズム〟ではなく、新しい〝韓国ナショナリズム〟は、統一事業に対して好意的ではない。」

このように再統一への熱意が減退していることの論理的帰結として、宣言されたマニフェストに基づいて選ばれる選挙という民主的統治の中心的特徴に注目することができる。国民と政府とを結びつける糸の存在を信頼すべきだ。韓国が再統一への強い熱意を欠いているにもかかわらず、この高尚で困難な目標を追求する政権の存在は驚くべきことだ。韓国が北朝鮮と不平等な同盟を結び降伏するというチャンの懸念に反論するには、韓国の政治制度とその強固さに信頼を寄せるだけで十分だ。

再統一より平和共存が現実的

チャンは韓国のリーダーが「レームダック化」してしまうという韓国政治の興味深い特徴に言及している。これは単一任期を課せられた大統領府の限界だ。チャンは専ら選挙のあとに韓国のリーダーたちが「急速に人気を失う」傾向を指摘するためにこの事実を援用している。しかし、「レームダック」という比喩を受け入れるのであれば、文大統領のような人物（向う見ずに再統一政策を実現しようとする政治家としてチャンは描いている）が韓国の政策形成に及ぼす影響もこの限界によってかなり抑制されると言うことができるはずだ。いかなる韓国大統領であれ、実行可能な政策に励むべきたった5年の単一任期の間には、再統一は克服しえない課題であることを必ずや理解するはずだ。

さらに、文大統領に話を戻せば、朝鮮の再統一に向けて彼自身が提示したタイムラインを見てみると、彼は2045年に目標を設定していることが分かる。この2045年という年代は、差し迫った現実を説明するときには要求されるであろうやっかいな詳細からほとんど全面的に責任逃れをするのに十分遠い未来の話だ。実際、チャンが本書で的確に指摘しているとおり、「1945年の南北分断以降、南北ともにあらゆる朝鮮半島の指導者は、統一を唱えてきた」とすれば、再統一という表明された目標が朝鮮の国民神話の核として浮かび上がってくることは明らかだろう。大統領にとって、この種の表明を繰り返すことは選挙と政権運営の不可欠な部分と見做されるはずだ。ただし、先ほど検討したように統一政策への支持が落ちていることを考えると、必ずしも優先事項にする必要はない。

北の隣国との平和的共存政策のほうが、再統一政策よりも現実的だと思われる。そして実際に、韓国の有権者からきわめて好意的な反応を得たのは（前述の86％の支持率を想起してほしい）、文大統領のこの目的のための外交戦略のほうだ。しかし、仮にチャンの推定する未来が実現したとしよう。南北朝鮮が一つになったとして、その未来はどのようなものになるだろうか。

「その連合が連邦共和国になるのはほぼ確実」、「共和国の中に二つの政府が存在すること」を持つだろうとチャンは書いている。さらに、連邦国家が金日成の提案した「韓国政府を完全に乗っとるための中継地点」として機能することをチャンは懸念している。どんなに空想を働かせても、このような移行はありえないと言わざるをえない。

韓国の人口は北朝鮮の人口の二倍に相当する。想定される連邦共和国がほとんどの民主制度に共通する原則に従って運営されるという合理的な仮定から始めるなら、一人一票の原則が通用するはずだ。したがって、前述の人口比を考慮すれば、より大きな国である韓国のイデオロギー的傾向が通用すると仮定することが論理的だ。

１９８９年にベルリンの壁が崩壊した後に、東半分を西側の資本主義・自由市場経済に統合したドイツの例もここで指摘しておきたい。この事例において、より大きく、より富裕で、より強大な領域であった西ドイツが統一に際して新しい国家の方向性を決めるのに指導的な影響を及ぼし続けたことはごく自然だった。この歴史的事実は、統一朝鮮に何が待ち受けているのかについて鮮明できわめて適切な関係がある事例を提供する。

数兆ドルの投資が北朝鮮の経済とインフラに与える影響、その後に北朝鮮の市民が経験する生活の質（ＱＯＬ）の劇的な変化について考えることもできる。この改善の文脈において、信用を失った哲学(1)に固執するのは狂信的な強硬派のみだろう。実際、もし統一が行われるとすれば、結果として誕生する国は現在の韓国で見られるような親米で、親資本主義で、親自由市場のアイデンティティにきわめて大きく傾斜するだろうと思う。このようなシナリオにおいては「韓国を失う」どころか、再統合された国民がアジア・太平洋のきわめて重要な地域において強力な自由の擁護者として存立することになる。

台湾・中国間の経済協力枠組み協定交渉で何が起きたか

『韓国消失』を読んで、著者の予測のすべてに納得したわけではないのだが、不利な自由貿易協定（FTA）を締結する際に生ずる危険を思い起こした。私が言いたいのは主として2010年に当時の馬英九総統によって調印された両岸経済協力枠協議（ECFA）のことである。

ECFAに調印する以前、台湾は年を追うごとに政治的・外交的に孤立し[2]、二国間FTAが全世界で広まっていくのに追いつけないことに悩まされていた。効力を発揮している（二国間）FTAの数が1990年代初頭から爆発的に増加したため、多国間貿易システムの継続的有効性、とりわけWTOの全加盟国に対等な貿易関係を保証している最恵国待遇義務の継続的有効性に対する疑念が生じていた。企業と学会を含む台湾社会のさまざまな領域で、台湾がより多くのFTAを締結できなければ、台湾経済の見通しは苦しくなると考えられていた。

実際、2010年に先立つ数年の間に台湾は公式の国交を維持している数カ国とFTAを締結することに成功したが、FTAを締結できたのはエルサルバドル、グアテマラ、ホンジュラス、ニカラグア、パナマなど少数の国々にすぎなかった。これらの国々との貿易量は台湾の総貿易量のごくわずかな割合だ。したがって、これらのＦＴＡは主として政治的な動機によって締結されており、それらが存在することによって上記の国々と台湾との間の外交的関係を円滑に運営することを目的としているにすぎないと理解することは容易である。

台湾がＦＴＡを締結できなかった国々の多くは現に、主権国家としての台湾の存在を中国が繰り返し否定していることによる恐怖から、台湾との交渉に入る意思がなかったか消極的だった。付言すれば、これらの国が台湾との協定を結ぶことによって、中国との既存の協定が実質的に反故にされるのではないかという不安があった。ＦＴＡがなければ台湾の競争力が鈍化し、さらなる不景気と衰退に苦しむだろうという確信があった。おそらくそのために、台湾が中国とのＦＴＡを締結すれば、その時点まで中国を恐れながらも関心を示していた国々が台湾とのＦＴＡ締結に向かう青信号を与えられるだろうというロジックに従ってしまった。

政治的な敵国同士は経済的な友好国であり続けることはない

台湾の孤立した地位について多くの国民が感じていた不安の反対側に、２年のＥＣＦＡ

の交渉期間を通じて馬総統が語った、巨大な中国市場の窓口としての抜きんでた地位を台湾が得られること、ＥＣＦＡが締結されれば台湾国内に投資が流入するに違いないという明るい未来の青写真があった。事実、２０１２年の選挙で馬総統を勝利に導いたのは、ＥＣＦＡが台湾経済に対して万能薬のような効果があるというこれらの宣伝だったと私は考える。では、現実はどうだったか。

ＥＣＦＡが台湾経済に及ぼした影響を議論する前提として、まず次のことを認識しておくことは有益である。ＥＣＦＡが締結された時点でＷＴＯの法的管轄の範囲内で有効だった４０７のＦＴＡ、さらには１９４８年から連綿として続くＧＡＴＴとＷＴＯの長い歴史を考慮に入れても、ＥＣＦＡは前代未聞の例外的な事例であるということだ。一方の締結国（中国）が他方の締結国（台湾）の主権を認めておらず、独立国家の権限の一切を認めない対応を行った。

ＧＡＴＴ／ＷＴＯの研究者としてこの奇妙な仕組みについて考察するとき、米国国務省経済局長であったハリー・ホーキンズが１９４４年のスピーチの中で述べた一節を想起する。

「経済的な敵国同士は長期にわたって政治的な友好国であり続けることはないだろう。

（Nations which are economic enemies are not likely to remain political friends for long.）」

ＩＭＦ、世界銀行、ＧＡＴＴ／ＷＴＯなどの国際的な経済協力のプラットフォームを生み出したこの声明には論理的に説得力がある。

このメッセージに続く数十年間に行われてきた政策は摩擦のない自由貿易を保証するものであり、世界史上で最も長期にわたる平和で豊かな時代のひとつとしての功績は疑いがない。しかし、台湾と中国の関係については、この言葉を逆転させて次のように直したい。

「政治的な敵国同士は長期にわたって経済的な友好国であり続けることはないだろう」

実際にこのようにしばしば尋ねられる。経済学に基づくＥＣＦＡがいかにして台湾に政治的利益をもたらしうるのかと。経済協定を締結しても中国の台湾に対する政治的態度は変わらない。そして、台湾が孤立しているのはまさにこの態度のためである。ＥＣＦＡを署名したからといって、台湾を取り巻く世界情勢がほとんど変化しなかったことは確実だ。中国の無制約な脅迫手段の結果として、台湾は依然として国際社会の下層民のような状態にあり続けている。

一滴の蜂蜜でハエを捕まえる

より明るくより豊かな未来へ——台湾人が魅了されたのは、おそらくは表面的には台湾に莫大な物質的利益をもたらすこの取引の内容のためだった。ＥＣＦＡの初期の合意のひとつであるいわゆる「製品貿易におけるアーリーハーベスト」条項において、台湾が対中輸出の５３９品目で関税の引き下げを提案されたのに対し、中国側は２６７品目での同等の関税引き下げしか期待できなかった。このように台湾経済に有利であるように見えるバランスでの取引は、台湾側の交渉担当者にとっては抗いがたいことが判明し、計画が前進したのだった。

しかし、額面上明らかに不均衡なＦＴＡを中国がなぜ進んで実現しようとするのかを、台湾側の交渉担当者たちは自問すべきだった。その答えを示唆する前に、再び前述のホーキンス氏の金言に留意し、この二国間の政治的な不一致が経済協定によって帳消しにできるよりもはるかに大きな影響力を持っていることを示しておきたい。馬総統がＥＣＦＡを擁護する演説を頻繁に行うなかで、経済協定が中国の侵略を抑制し、それによって台湾海峡に霧のようにかかっている緊張を払拭できるだろうと強調していた事実にもかかわらず、そうなのである。

実際、政治的な鎮痛剤としてのＥＣＦＡの適用にはむらがあり、その鎮痛効果はいくらか限定的であることが明らかになったと私は考える。ＥＣＦＡが署名されてからの年月、台湾がさまざまな国際的な舞台にアクセスすることを中国は拒絶し続けており、結果として台湾が締結できたＦＴＡの数は合計９つにとどまった。さらに重要なことに、現存するＦＴＡの対象となる貿易量はごくわずかなままだ。

馬総統とその政権の見解を中国当局者による公式声明と比較すれば、「外交的停戦」とはほど遠いこの取引が、中国の胡錦濤国家主席にとって「中国の完全な再統一」に向けた踏み台だった理由を理解する端緒になるだろう。実際、中国側はＥＣＦＡが必要な理由についての信念に関してきわめて正直であり、中国にとって台湾との貿易協定は中国国家に台湾国家を統合することを促進するのを意図した一連の行動の一環にすぎないという事実を隠さなかった。

２０１３年９月20日にブルッキングス研究所で行われた中国の王毅外相のスピーチを引用したい。このスピーチの中で彼は「双方向の相互作用と協力を通じた（台湾海峡の）両岸の段階的な統合は、最終的な再統一につながる」と述べている。中国の観点から明らかにされた政治的アジェンダを考慮すると、一滴の蜂蜜を使ってハエを捕まえるようにして、中国が経済的な誘惑によって台湾を罠にかけたことは疑いない。

ECFAで脆弱になる台湾の安全保障

ＩＭＦが２０１２年６月に発表した調査で、中国経済が１％縮小した場合、台湾は中国市場への過度な依存によって経済成長率が０・９％の減少を被るだろうことが示された。台湾は中国のすべての貿易相手国のうちで最も深刻な影響を被ることになる。私はＩＭＦの調査に言及し、ＥＣＦＡを調印するという提案に対して揺るぎない姿勢で警告を発していたほとんど唯一の台湾人だった。ＥＣＦＡを調印することにより、台湾が中国に対して経済的に一層依存する結果として、台湾の国家安全保障がより脆弱になるだろうと私は力説した。

言うまでもなく、ＥＣＦＡによって開かれた経済的な機会は台湾海峡の中国側の人々にとってすこぶる有利であり、中国本土に多額の対外投資が流入する一方で、ここ台湾での資本形成と雇用創出には甚大な悪影響が及んでいる。台湾のビジネスの一部の領域、とりわけ、中国の低賃金と緩い労働規制・環境規制を利用するために製造施設をオフショアに移転した企業には利益をもたらしたものの、中国の交渉担当者にとってこの甘い取引はある種の裏口と見做されていたことは疑いない。この裏口を通じて、中国は主権国家である台湾を自国の領域として獲得しようとする企てをより容易に推進できるようになった。

実際、他国の多くの企業は近年に製造拠点を中国から他のより魅力的な投資先に移転しているにもかかわらず、台湾企業のほとんどは中国に固執している。台湾がＥＣＦＡの魅力に固執して、結果として中国のさらに強大な支配力から抜け出すことができなくなる危険が残っている。これこそが中国の目的だと私は考えている。

幸い、２０１６年に台湾で政権交代が生じたことによって[3]、また台湾の制御のおよばない世界規模での出来事も相まって、ＥＣＦＡによって及ぼされうる損害を限定するために多くのことが行われた。中国の「一帯一路」構想および南シナ海の広大な領域での非道な軍事化に関連するリスクが全世界でだんだんと認識されるようになってきた。中国が言うところの「平和的台頭」は順調に進行する力を持っているように見えたが、２０１８年４月に始まるトランプ大統領との貿易戦争に直面した。世界最大の二つの経済国の間でのやっかいで長期にわたる貿易紛争によって、アジア・太平洋地域での政治経済のバランスは劇的に変化した。また、この現象は台湾が中国市場への経済的依存を減らす大きな機会になった。

韓国は台湾から何を学ぶべきか

米中間で現在進行中の貿易戦争、このエスカレートする関税と貿易についての一連の熾烈な争いは、個々の台湾企業と台湾経済全体にとって、飴と鞭の両方の効果を持つという思いもよらない組み合わせになった。中国に製造拠点を持つ台湾企業が関税の引き上げによって収支に影響を受けたため、多くの企業が母国ないし他の場所を投資先として好意的に見直している。

米中貿易戦争の長期的な影響がどうなるかはまだ分からないが、近年は台湾での投資が過剰であるため、輸出先の市場の多様化が企業経営の最善のモデルであるという事実に企業が気付き始めているのはすでに明らかなようだ。ひとつの国家、特に敵対的な政府を持つひとつの国家に過度に依存することは、理想的とも安全とも到底言い難い。実際、台湾で初のWTO大使を務めていた時代を振り返ると、今でもそう主張しているように、多国間貿易制度において台湾が役割を果たすことの利点について当時擁護していたことを思い出す。米国と中国の間で緊張が続いていることで明らかになった機会によって、台湾が十分に自信を持って世界の舞台に移れるように願っている。

台湾にあてはまることは韓国についても同じだと言う人がいるかもしれない。比較をするには幾分か不適当だと思われるほどに政治的・経済的文脈において大きな違いがあるが、台湾の経験から韓国が学べる教訓がいくらかある。南北首脳会談が日常的になり、両国の交流の経路が成文化されてより公式的になるにつれて、もしも将来に前述の数ページで議論したような種類の貿易協定の提案がなされた場合、韓国側の交渉担当者は経済協力に伴う政治的コストを念頭に置く必要がある。いかなる取引であれ韓国を害し不利益になるかもしれないと考えられるのであれば、韓国の貴重な主権を固守し、発生しうる政治的・経済的両面の目に見えないコストに留意しなくてはならない。

ペンス米副大統領の警告

さて、この論考を締めくくるにあたって、アジアの話題にとどまり、ますます拡張主義的になっている中国がこの地域に及ぼす潜在的な影響についてしばらく議論したい。前の段落で述べたとおり、最初は有利に見える取引であっても、実のところその中に危険な含意を隠しておくことができる。これはとりわけ台湾の状況に該当するが、ほかの地域についても真実だ。たとえば、日本、韓国、そして近頃で最も該当するのは香港である。結果はさまざまだが、忍び寄る中国への依存の可能性は顕著であり、人権と政治的自由（多くの場合は血の滲む努力で勝ち取られたものだ）に重きを置くすべての人々は、明白に守るべきもののために最大限の力を尽くすべきだ。

最も有名でかつ重要な中国の対外投資政策は、無論「一帯一路構想（BRI: Belt and Road Initiative）」だ。これは一連の大規模な投資および政策であり、その表向きの目的は、国内および国際市場のグローバルな相互接続性を促進し、参加国間の既存の関係をも改善するというものだ。財政と貿易法の分野に長年身を置くものとして、この構想が習近平国家主席によって２０１３年に発表されて以来、私はＢＲＩに興味を惹かれてきた。また、私は自由世界の経済的繁栄に明らかな利害関係を有しているものの、できるかぎり公平であり続けて、真摯で独立心を持った学者として状況を評価する義務があると言える。

当然予期されたように中国はＢＲＩに関係する総額についての多くの情報を明らかにすることを拒絶しているが、多くの推計によれば、その総額は現在で1兆米ドルという莫大な額に達する。ＥＣＦＡを振り返って、中国が台湾に対して経済的誘惑として提供した莫大な「蜂蜜の滴」のことを考えると、これだけの額をＢＲＩに費やすことの中国にとっての政策上の根拠に対しても疑問を持たねばならない。

昨年、ハドソン研究所で行ったスピーチにおいて、ペンス副大統領は以下の警告を発したのはこのためだ。

「今日、（中国は）諸政府に対して数千億ドルのインフラローンを提供している。だが、これらの貸付の目的はよく言っても不透明で、その利益は圧倒的に北京に向けて還流している」

はっきり言えば、これらのインフラ投資は多くの場合、中国が世界中で自国の影響力を強化するために「債務外交」を体系的に行使していることの一端であるにすぎない。

「一国二制度」に飲み込まれる香港

当時ＩＭＦの専務理事だったクリスティーヌ・ラガルドがペンスの懸念に反応した。彼女は２０１９年4月に第2回ＢＲＩサミットに出席した首脳たちに対し、「慎重に運営しなければ、インフラ投資は解決しがたい負債の増加を招くおそれがある」と正鵠を射た注意喚起を行った。そして実際に、ＩＭＦが実施した調査により、（中国から借入したインフラローンの）結果として負っている高水準の債務により悪影響を受けるリスクがある国家群——そのうち少なくとも23カ国がＢＲＩの資金を借り受けている——が増加していることが明らかになった。これはまさに中国が望んでいる結果であり、鋭敏な観察者にとっては何ら驚くことではない。

中国の影響下にある場所に住んでいるすべての人がこの種の行動に対して警戒すべきだ。中国による債務の罠に無力にも陥ってしまうことがありそうにない比較的裕福な国々、韓国、日本、台湾のような国々でさえ、水面下で中国の影響力が増幅することに気を引き締めて対応する必要がある。そのため、安倍首相と文大統領のバンコクにおける最近の会談が、日本と韓国というこのきわめて重要な二国間の交流と協力を促進する出発点として機能することが望まれる。両首脳の談話が短時間だったとしても、より大きな経済的繁栄と政治的安全保障の利益ために小異を捨てることの価値を全面的に強調すべきだ。この対談は政治的・経済的両面でのアジア太平洋地域の統合において鍵となるべきなのだ。

実際、今はこれまで以上に協力が必要とされているときだ。最近の、そしてなおも進行中の香港での出来事を注視している世界の人々に対して明らかになったように、中国共産党は法の支配に従うことになると「柔軟な適用」として好意的に説明されているものを採用する。１９９７年に香港に関する中英連合声明が調印されたときに、以後50年間は「一国二制度」の原則を擁護すると中国が誓約したにもかかわらず、中国がいかにして香港を自国の法的管轄と変わりがない一部分として扱うようになったのかを見てほしい。最初の調印から20年少々が経った今、「一国一制度」がすぐそこに迫っているようだ。以前の合意を無視するこうした中国の傾向を野放しにすると、国際秩序の円滑な運営が崩壊するおそれがある。結局のところ、公平な法の受け入れによってのみグローバル化した世界が機能しうる。

ブルー・ドット・ネットワークに期待

実際、法の支配の外で活動しようとする中国の、意思や手続きを歪曲したり単純に無視しようとするやり方は、外国人が中国で失踪したり拘留されたりといった憂慮すべき事件の増加によって明らかになっている。今年の初めに、カナダで華為の重役である孟晩舟が逮捕されたことに対する報復として広く解釈されている動きのなかで、中国は二人のカナダ市民、マイケル・コブリグ（Michael Kovrig）とマイケル・スペイヴァー（Michael Spavor）をスパイ容疑で告訴した。同様の事例は枚挙に暇がない。最近の事例をもう一つ挙げると、日本の防衛省で働いていたことがある北海道大学の教授（まだ名前は発表されていない）が、今年の10月に同様にスパイ容疑で逮捕され拘留されているという新しいニュースが飛び込んできた。(4)

中国が世界を自国の独特な秩序に合わせて捻じ曲げようとする恥知らずな試みを行っているのに対して、米国は１９４４年のブレトン・ウッズ会議の終結以前から自由で公正な多国間貿易関係を断固として擁護していた。現存する形での貿易諸国間のグローバルな関係は、多くが歴代の米国の政治家と官僚のリーダーシップのおかげである。さらに、民主制が全体主義に勝利をおさめたことに関して、ワシントンはこのような公正な世界を創造して維持することに長らく献身してきた。だからこそ、自由で民主的な東アジアの国々――日本、韓国、台湾――は互いに密接に協力して、また米国とも協力して、中国で切望されている構造改革を実現すべきである。

そのゆえに、２０１９年11月初頭にブルー・ドット・ネットワーク（Blue Dot Network）が発表されたことを知り、とても興味を惹かれ楽観的になった。ブルー・ドット・ネットワークは米国によって後押しされた世界規模のインフラ整備プロジェクトであり、中国のＢＲＩへの明らかな対抗策だ。詳細はまだこれから包括的に発表される予定だが、このプロジェクトは多くの国が国内のインフラの状態を改善するに際して、中国から不公平な債務を借り受けるよりもよく、より公平で、より透明性がある選択肢を提供するだろう。つまり、マイク・ペンスが昨年のスピーチで私たちに伝えたように、「アメリカは相手国を借金の海に引きずり込まない。私たちアメリカはあなたの国の独立を脅かしたり譲歩させたりしない。私たちアメリカは狭まる地帯や一方通行の道[5]を提供したりしない」。

言えることはただ、世界には地球上に生きる誰一人として知ることができない未来があるということだ。『韓国消失』の論題に戻ると、少なくとも私の知識と理解によれば、ただちに朝鮮が再統一される見込みは小さいとふたたび申し上げたい。同様に、幸いなことに、台湾が超大国としての中国に飲み込まれる可能性も低いと考える。しかし、人の未来は不可知なものであり、最も軽率な類の主張以外にはすべて不確定要素が当然ながら存在している。

したがって、チャンは悲観的で場合によっては、おおげさな懸念をしているがゆえに、実際にはかえって世界に多大な貢献をしているのかもしれない。本を読み終えて、自己破壊的予言[6]という予言者のジレンマを私は思い出した。つまり、『韓国消失』はその予測が実現すること自体を予防する予測かもしれないということだ。換言すれば、韓国がより強大な北の隣国に屈服するかもしれないという近い将来のビジョンを提供することで、チャンは世界をそのような災厄から遠ざけるインセンティブを読者に対して与えている。彼が長く執筆を続けられることを願う。

注

（1）北朝鮮の独裁体制の思想。主体（チュチェ）思想。

（2）中華人民共和国が経済的・軍事的に強大になるにつれ、台湾を自国の一部と主張して併合を目指す中華人民共和国に忖度して、台湾（中華民国）と断交する国が増えていること。

（3）台湾の総統が親中派の国民党・馬英九から、民主派の民進党・蔡英文に交代したこと。これにより、前政権の対中宥和政策が見直されることになった。

（4）後の報道で、中国当局に拘束された北海道大学教授は岩谷將氏であることが判明。２０１９年11月15日に無事帰国した。

（5）a constricting belt or a one-way road「一帯一路（Belt and Road）」を風刺した表現。

（6）予言して警告を発することにより、その予言された未来が回避されること。

4　独裁者に屈服してはならない――韓国保守派の闘い――

「われら共和党」共同代表　趙源震

『韓国消失』日本語版への祝辞

ゴードン・チャンの著書『韓国消失（Losing South Korea）』の日本語版の出版をお祝い申し上げます。

ゴードン・チャンのこの著書と議論が、私たちが直面している危険、米韓同盟の重要性、韓国がとるべき方途を韓国の保守派に気づかせ、そのために私たちが行動することを後押ししてくれたことに感謝しています。

この本が日本語で出版されることで、文在寅の左翼独裁政権が現実に米韓同盟を破壊していること、アメリカ・韓国・日本の三カ国の連帯が重要であることを、私たち読者は理解し、朝鮮半島、北東アジアおよび世界全体における自由の高まりの礎となるでしょう。私たちが自由を取り戻すときが来ているのです。

文政権による人権侵害と北朝鮮への接近

文在寅の体制は最近、二人の脱北者を北朝鮮に強制送還しました。この暴挙は国際人権法に違反しており、体制が人権をないがしろにしていることを自ら認めたも同然です。統一相の金錬鐵は北朝鮮の立場を代弁して、韓国国民と国際社会に対してあからさまに嘘をついてすらいます。

金日成は朝鮮半島を共産化するために「帽子の2つの紐[1]」戦術を提唱しました。片方の紐はアメリカであり、もう片方の紐は日本です。日韓関係とを分断することによって、韓国とアメリカをも分断してしまおうということです。

文在寅の体制の反日活動と歴史の書き換えは、日本およびアメリカとのつながりを断つことを示しています。

ＧＳＯＭＩＡ破棄問題と危機にさらされる韓国の安全保障

文政権がＧＳＯＭＩＡ（日韓軍事情報包括保護協定）を破棄すると宣言した[2]ことは背信行為です。ＧＳＯＭＩＡは国際社会へのコミットメントに背く重大な危険にさらされています。

ＧＳＯＭＩＡは朴槿恵政権下で締結されました。この政権はわれわれのアメリカへの信頼、米韓同盟と米国・日本・韓国の三カ国の連帯の重要性、韓国における自由民主制の強靭さを示していました。しかし、文政権はＧＳＯＭＩＡを問題として提起しました。

ＧＳＯＭＩＡの破棄は北朝鮮が望んでいたことです。北朝鮮は国営メディアを通じてＧＳＯＭＩＡを破棄すべきだと主張してきました。文政権は北朝鮮に与したのです。このことは同盟国であるアメリカと日本に別れを告げたのと同然です。韓国史上最大の外交危機と安全保障危機が生じています。

日本の先進的な偵察衛星と偵察機によって収集された情報を韓国の側から放棄することは、韓国の安全保障を放棄するに等しい裏切り行為です。しかし、文政権はそれに固執し続けています。

北朝鮮の核実験およびミサイル実験が止まないことに対応して、朴槿恵大統領は２０１

6年11月23日にGSOMIAを締結しました。この協定によって北朝鮮の軍事行動を監視する能力が向上し、韓国の安全保障を高め、結果として日米韓三カ国の安全保障に貢献しました。GSOMIAを破棄することは、韓国の安全保障を後回しにして金正恩の安全を優先する狂気の沙汰です。この背信行為は撤回されなくてはなりません。

金正恩のミサイル発射能力はますます洗練されており、わが国の安全保障はそれによってますます脅かされています。GSOMIAの破棄は、曹国の言う「竹やり」で北朝鮮のミサイルと戦おうとするようなものです。

文体制のフェイクによる「ろうそくデモ」の扇動のもとで、韓国の安全保障は危険にさらされ、自由民主体制を守っている同盟が破壊されるでしょう。

さらに、文体制は2018年9月19日の北朝鮮との軍事協定によって、韓国軍に制約を設けています。彼は国民に偽りの平和を演出し、北朝鮮の核の脅威を否定し、北朝鮮の核開発を黙認して国民を欺いています。

この軍事協定が締結された直後に「われら共和党」は声明を出し、「この協定はわが国の安全保障を危険な状態に晒し韓国人の生命と財産を守ることを怠っている。破棄されなくてはならない。」と非難しました。

韓国の安全保障は脆弱です。木造船にはじまり、ロシア、日本、中国、韓国の爆撃機までもが独島（竹島）の上空で邂逅しています。しかし、文在寅は韓国版ＮＳＣのミーティングに出席していなかったのです。

「われら共和党」と韓国保守派の闘い

７月２日、文在寅は「われら共和党」を犯罪組織であると述べました。３月10日の朴槿恵に対する不当な弾劾に反対して闘い、テント闘争を行っている最中に起きた活動家５名の殺害事件について調査するように求めて抗議活動を行ったためです。この事件の最中においても、文在寅は国民の前に姿を現しませんでした。北朝鮮は文在寅を「南側の責任者」と呼び文を批判しました。北朝鮮はその前日、文を「青瓦台の主」と呼称したにも関わらずです。北朝鮮の核兵器ショーを止めて、文在寅が失う面目とは何でしょうか。金正恩は文在寅の何の弱みを握っているのでしょう。

文は新しい韓国を作ると言いました。彼は国家の威信と尊厳を破壊するような国を作ろうとしていたのだろうかと問わざるを得ません。

米韓同盟が分断されたため、韓国の安全保障と経済は大打撃を受けています。韓国は外交的に孤立し、南北関係においても無視されています。

韓国の指導者は国家の威信を失墜させ、国際社会に頼っています。より大きな危険は、ＫＣＴＵ（全国民主労働組合総連盟）によって支配されたメディアが、国家安全保障と経済が崩壊している最中にあっても、真実を伝えようとしないことです。韓国の領土と領空が侵犯されている危険な状況について、メディアは語りません。政府所有のＫＢＳはしばしば北朝鮮を擁護し、政治的に偏向した番組を製作しています。これが韓国の現実です。

韓国は現在、国際的には米国・日本・韓国の連合が崩壊する危機にあり、国内的には経済が崩壊する危機にあります。朴槿恵の非合法な弾劾は韓国の政治システムを転覆し、歴史の書き換えは反発を呼んで、文政権を打倒して朴槿恵を救うことを求める数万の市民たちがＫＴＸのソウル駅と光化門広場に集っています。

この状況下にあっても、文政権は左翼の権力を延命することにしか関心がありません。「われら共和党」は１９６５年に朴正煕政権下で締結された日韓基本条約、および朴槿恵政権時代の慰安婦問題に関する日韓合意を継承することを明言している、初の保守政党です。

日韓基本条約に対するスタンスは極めて重要です。これは歴史の問題であり、我々は左翼の独裁者に屈服してはならないからです。

「われら共和党」は李承晩、朴正煕、朴槿恵の三人の大統領の政策や立場を継承します。朴正煕大統領を継承するということは、１９６５年の条約も継承することを意味します。根本的に、文在寅はこの条約と朴槿恵時代の日韓合意に反対しています。

保守政党は自信を持つべきです。北朝鮮のシンパが反日感情によって我々を攻撃するとき、我々は彼らが反韓国で親北朝鮮であることを攻撃しなければなりません。彼らが我々を親日勢力と呼ぶとき、我々は彼らを共産主義者と呼ばなくてはなりません。これが「われら共和党」がとる道です。

国民はもはや欺瞞に満ちた体制に賛同していません。「われら共和党」は歴史の正道を歩みます。これが「われら共和党」と私の信念です。

日本の侵略と36年にわたる帝国主義の惨禍は国民によく知られています。日本は歴史に対してより進歩的な姿勢を持つべきです。しかし、この問題が両国の関係を制約し、私たちが両国の現在と未来を諦めるようなことはあってはなりません。

「われら共和党」と保守派はこのように考えています。「歴史に制約され、現在と未来の世代に対する我々の責任を放棄することは、それも歴史に対する背信行為である」と。

私たちは次世代が歩みを進めることを助けなくてはなりません。わが国の将来世代は北朝鮮を解放し、2つに分裂した朝鮮を統一して世界に堂々と立たなくてはなりません。これが私と韓国の政治指導者たち、そして米国と日本にも課せられた歴史的使命なのです。そのためには米国・日本・韓国の連合が強靭であり続ける必要があります。

信頼と協力、挑戦と勇気、責任と献身によって、米国・日本・韓国の保守派政治家たちはこれを成し遂げなくてはなりません。正しい歴史、自由民主制、自由と責任、公平と機会、挑戦と勝利の同盟を築こうではありませんか。私たちにはできます。

「われら共和党」は米韓同盟を崩壊させかねないあらゆる懸念事項に対応しました。たとえば、私たちは平昌オリンピックを北朝鮮のプロパガンダの場に変えることに反対しました。

「われら共和党」は文政権による平和演出の偽りの本質を明らかにし、平昌オリンピックを事実上の平壌オリンピックに変える企てを阻止するために闘いました。

私たちは公平な記者会見を通じて広報を行いましたが、未登録の記者会見であるとして訴追され、まもなく裁判になる見込みです。

金正恩による偽りの平和演出の実情を伝えることは国会議員の責務です。しかし、「北朝鮮の政治制度を宣伝する平壌オリンピックに私たちは反対します」というスローガンは、憲法によって保護されるべき国会議員と国民の良心、表現の自由と政治活動が抑圧されていることを明確に示しています。状況は悪化するのみです。

２０１９年10月に左翼が米国大使の公邸を襲撃しました。[3]これに対して「われら共和党」は米国大使館前にテントを張り、米韓同盟を支持する韓国人はもっと多くいることを表明しました。私たちは米韓同盟を支持するスローガンを掲げ、アメリカの貢献に感謝しました。親北勢力は在韓米軍の撤退などの行為を躊躇しません。

文政権による「新たな国際秩序」 自由主義VS全体主義

新たな国際秩序を創造するという文政権の目標は、中国共産党、北朝鮮、ロシアと手を組み社会主義の朝鮮を作ることです。ＧＳＯＭＩＡの破棄と「３つのノー」（１２６ページ参照）はこの計画に沿ったものです。

これまでの朝鮮半島における国際秩序は、強力な米韓同盟と同盟諸国の連合によって北朝鮮をコントロールし共産主義の中国が拡張するのを防ぐことによって維持されてきた。こうした秩序を維持するのが韓国の役割でありこれまでの国際秩序の在り方でした。

文政権が提唱する「新しい国際秩序」は中国の共産主義者たち、北朝鮮の三代に渡って世襲している封建主義者同然の共産主義者たち、韓国の社会主義者と共産主義者たちが手を組んで、社会主義の朝鮮半島、社会主義の連邦国家を作ることなのです。

共に民主党の前のリーダーである李海瓚は習近平国家主席と会談を行い、その席上で90度のお辞儀をもって対応しました。彼は保守主義を打倒することにも言及しています。また、大統領首席補佐官の盧英敏は、駐中国大使だった際に、習近平国家主席を礼賛する論文を作成しました。民主党の前リーダーである秋美愛は共産主義者の国際会議に出席しました。これが文在寅が提唱している「新しい国際秩序」なのです。

誰が文在寅を止めることができるでしょうか。それは、米国と日本なのです。「帽子の2つの紐」戦術は米国に対してよりも日本に対して有効に機能します。ですから、文は反日をけしかけているのです。

故に私たちは中国に対抗していかなければなりません。「われら共和党」は北東アジアにおける自由民主制を守り、共産主義に対して闘うための最後の砦です。「新しい国際秩序」を作るための文政権のパートナーは中国の共産主義者と北朝鮮の世襲体制です。ですから、自由を守る政党である「われら共和党」は中国と闘わなければならないのです。

北朝鮮の核開発問題

２０１８年に、北朝鮮は核を決して放棄しないと声明しました。90％の韓国人は北朝鮮が核を決して放棄しないことを知っているし、文政権はもっとよく知っています。トランプ大統領のリーダーシップによって戦争を防止する状況ができたものの、北朝鮮が核を放棄するつもりがないことに変わりはありません。

核を放棄しないことは金日成と金正日の遺志であり、金正恩にそれを覆すだけの権力はありません。

北の体制転換こそが死活的に重要なのです。ＩＳＩＳの指導者であるバグダーディーを殺害したあとに、トランプ大統領は意味ありげなコメントを残しました。「北朝鮮は交渉を求めている。私たちが交渉できないとすればどうなるだろうか。」と。

これはアメリカの次の標的が誰であるかを示しています。ＫＣＴＵに支配されたメディアはこのコメントを報道しませんでした。

２０１８年と２０１９年に、ワシントンのナショナルプレスクラブ、国務省およびＮＳ

Cにおいて私はホワイトハウスの記者たちと会談しました。向こう二年間は北朝鮮への経済制裁を継続する必要があると私は彼らに話しました。国際社会は経済制裁を継続させるために団結する必要があります。

人間の尊厳と自由のための闘い　国際的連帯が求められている

現在のところ、中国が極めて危険です。5・5－6％の経済成長を失えば、農村部から出てきた40万人の中国人が暴動を起こすでしょうし、多数の中国人が解雇されるでしょう。習近平の帝国主義体制が危機に瀕しています。「われら共和党」は香港人の自由のための闘いを支持することを宣言しました。

人間の尊厳と自由のための闘いが死活的に重要です。「われら共和党」が3年にわたり「太極旗デモ」を開催してきたのもそのためです。これはギネス世界記録に列せられてもよいでしょう。私たちが太極旗とアメリカ国旗を掲げて153回にわたる週ごとのデモを開催したのもそのためです。私たちが不正と闘うとき、真理と正義が明らかになります。

左翼独裁体制を終わらせることは朝鮮半島とアジアにおける歴史的使命です。重要なのは米韓同盟、米国・日本・韓国の三カ国連合、市場経済です。

2020年は韓国で総選挙が行われ、アメリカで大統領選挙が行われ、とりわけ台湾で総選挙が行われる重要な年です。

保守派はこれまで人間の尊厳を守り、自由と責任に基づく現在の国際社会を形成してきました。反全体主義と反共産主義のブロックを形成して全体主義勢力を打倒しようではありませんか。人間の尊厳を守り未来に歩みを進めましょう。

朝鮮戦争におけるアメリカをはじめとして、同盟諸国の犠牲によって韓国は自由を得、人命が救われてきました。私たちは同盟国に本当に感謝しています。今や私たちは1948年8月15日[4]に始まった未完の事業、すなわち2つの朝鮮を自由民主制のもとに統一するという事業を完遂しなくてはなりません。私たちはアジアと世界の自由に貢献しなくてはなりません。

北朝鮮の野蛮な世襲独裁を終わらせることによって、共産党独裁の崩壊が加速するでしょう。世界は人間の自由が重要であることを心に刻むでしょう。

文政権は左翼独裁を長期化するための策謀の一環として、連動型比例代表制[5]と政権の息がかかった高級官僚調査機関[6]の導入を進めています。これらは国民の暮らしをおびやかしており、一刻も早く廃止されなくてはなりません。韓国と国際社会の安全保障、市場経済、未来の繁栄の岐路に私たちは立っているのです。

この重要な著作の日本語版が出版されたことにふたたびお祝いを申し上げます。２０２０年はアジアにおいて自由の波が高まり、歴史上重要な年になるでしょう。心から出版をお祝い申し上げます。

ゴードン・チャンの勇気ある活動に韓国国民から感謝します。

注

（１）帽子をとめる2つの紐のどちらかが切れると、その帽子は使い物にならなくなってしまう。韓国をアメリカもしくは日本のどちらかと離間すれば、北朝鮮が韓国を支配することが可能になるという意味。

（２）２０１９年11月23日に韓国政府より正式にＧＳＯＭＩＡ破棄を中止すると通達があった。

（３）２０１９年10月18日、新北朝鮮派の団体「韓国大学生進歩連合」に所属する学生17人が駐韓米大使公邸に侵入する事件が発生。１時間以上にわたりハリー・ハリス大使の帰国を求めるデモを敷地内で実施した。大使及び家族は不在だったが、侵入した学生は現行犯逮捕された。

（4）大韓民国が建国された日

（5）政党の得票率にしたがって議席を配分する選挙制度。大統領制下で連動型比例代表制を導入すると、与党議員は大統領の人気に当落を依存することになり、立法府が行政府に従属することが懸念される。

（6）文政権のいわゆる検察改革の一環として高位公職者不正捜査処が設けられたことか。文政権は検察と対立し、司法制度を破壊していると批判されている。

第2部

韓国消失

ゴードン・チャン

はじめに

アメリカ合衆国と大韓民国との軍事同盟は「永遠に維持されなければならない」。2018年11月初頭、韓国の文在寅《ムン・ジェイン》大統領はこう宣言した。そして韓国のその指導者は、次のように語った。

「韓国とアメリカの同盟は、朝鮮戦争の砲火で流された血によって鍛え上げられたが、そこに留まるものではない。朝鮮半島における平和を構築する偉大な同盟へと深化することで、米韓双方に安全保障と繁栄、そして北東アジアの平和と安定をもたらしてきたのだ」

ソウルの公式声明から判断すると、朝鮮戦争の終結から70年に及ぼうとしている同盟は、一見して強固なものに映る。このことは、あらゆるアメリカ人にとっても重要事だ。なぜなら、アメリカの政策当局者は過去一世紀以上にわたり、自国の西側における防衛境界線を、カリフォルニアの海岸でも、ハワイでも、グアムでもなく、東アジアの海岸に引き続けてきたからだ。アジア大陸の一角に位置する韓国は、この防衛境界線の北端に位置する。したがって、韓国を喪失してしまうことは、アメリカにとって非常な苦痛を伴うものになりそうだ。しかし不幸なことに、いまや米韓の「血の同盟」は、それほど長くもたないように見える。

同盟の士気を高めるような言葉遣いに反し、文大統領はいま、同盟を終わらせようと熱心に行動している。彼の野望はまず、「朝鮮戦争の終結宣言」であり、次に紛争を公式に終結させる条約の締結である。彼の首席補佐官は、北朝鮮政府への支持を公言しているうちのひとりだが、平和宣言がなされた後にアメリカ軍兵士に用はないと発言したとも記録されている。

文大統領は、同盟国であるアメリカ合衆国への相談もなしに、独自の国防政策を採っている。ときにその行動は、合衆国政府が韓国を防衛する能力を弱らせる内容を含んでいる。文大統領の行動は、わかりきったことだが、アメリカ人の多くに、合衆国は朝鮮半島に駐留し続けるべきだろうかという疑問を生じさせている。

文大統領にとって最も優先順位が高いのは、朝鮮半島の統一である。第二次世界大戦の終結によって分割された朝鮮半島を、つまり南側の大韓民国と、北側の朝鮮民主主義人民共和国を、統合してしまうことだ。たとえそのために、北朝鮮の言葉通りに事が進んだとしても、である。そして、反米感情を数十年にわたって公言し続けてきた文大統領が、韓国と北朝鮮という二つの国家が統一をなしとげたあとの朝鮮半島に、米軍の駐留を求めるとはおよそ想像しがたい。

文大統領の統一政策は、過去の韓国大統領と異なり、統一国家が韓国で理解されているような民主主義体制をとることに固執しない。アメリカとの同盟を解消するための行動と同じように、文大統領は彼が指導すべき民主主義をも破壊しようとしている。彼は代議制という概念を削除するための憲法改正を試み、この試みが失敗すると、自由に関する記述を教科書から削除するように動いた。彼は政敵を牢獄に封じ込め、脱北者には口封じを行っている。その一方で、親北的なならず者が破壊行動や違法行為を行うことを許容している。彼は、恐怖と脅迫による風潮を生み出してきた。

韓国はいまや、自由社会の一員たる資格を失おうとしている。文大統領は、、明らかに北朝鮮の恐怖政治に適合するように、韓国社会を作り替えることで、統一への道を拓こうとしている。

最も困惑すべきことに、文在寅は、北朝鮮の浸透と侵略に対する自国の防衛レベルを引き下げ、韓国軍を機能不全に陥らせようとしている。要するに、彼は韓国を脆弱にしているのだ。一部の人々は彼を「裏切者」と呼ぶ。文大統領の忠誠心が向かう先は文大統領自身にしか知りえないが、もし文大統領が本当に裏切り者だとして、北朝鮮の指導者である金正恩《キム・ジョンウン》が韓国を乗っ取る手助けをすることが彼の意図だとすると、彼はまさにその道を突き進んでいるのではないだろうか。

こうした結果、アメリカ合衆国と自由世界にとって、同盟のパートナーとしての韓国は急速に消失しつつあるのである。

第1章　〝血の同盟〟

２０１８年9月に、金正恩との首脳会談を平壌で行っていた文在寅大統領は、「戦争のない時代が始まっている」として、「今日、北朝鮮と韓国は、戦争を引き起こし得るあらゆる脅威を朝鮮半島から取り除こうと決心した」と述べた。

実際、朝鮮半島において戦争のない時代は、１９５３年から続いていた。その年、韓国政府とアメリカ政府は、「血の同盟」に調印したのだ。平和を維持していたのは、まさにこの同盟である。笑みをたたえた文在寅による声明によってではない。１９５３年の軍事協定は、朝鮮半島の歴史において最も平穏な時代をもたらしていた。

それ以前、朝鮮半島は絶え間ない紛争の地であった。１０００年のあいだに、朝鮮半島はおよそ９００回の侵攻を受け、５度の大きな占領期間を経験した。(1)そうした占領期間に終焉をもたらしたのは、第二次世界大戦における日本の敗北であった。戦時中、国家としての「コリア（朝鮮）」は形式的にも存在しなかった。

日本軍が敗戦によって母国へ帰還したとき、「コリア」はグローバルな紛争における大きな敗者となってしまったことに気が付いた。１９４３年のカイロ宣言では、「軈て（やがて）朝鮮を自由且独立のものたらしむるの決意を有す」（外務省訳）と言及されていた。しかし、朝鮮人民の意思に反するように、そして連合国の意思にも反するように、現実は進んでいった。トルーマン大統領は、日本に対して参戦するようにソヴィエト連邦に求め、東京に対して宣戦布告するよう説得していた。そして、最終的に１９４５年８月８日、日本の天皇が降伏するわずか７日前に、ソ連はこれを実行した。アメリカ政府は、ソ連による日本占領を防がなければならないと決断した。それと同時に、ソ連軍が朝鮮半島に侵攻することには許諾を与えた。ソ連軍が朝鮮半島の北側に兵を進めたのはわずか１日後、８月９日であった。

ワシントンは、朝鮮半島をどう取り扱うかという問題について、ほとんど何も考えがなかったし、アメリカ軍もまったく展開していなかった。ソ連が半島全域を占領してしまうのを避けるため、アメリカ政府は朝鮮半島の分割を提案した。ソ連軍が半島に展開した２

日後、2人の若いアメリカ軍士官は、「ナショナル・ジオグラフィック」の地図とにらめっこしながら、北緯38度線を「一時的」占領地域の境界線とすることを提案した。のちにケネディ政権で国務長官を務めることになるディーン・ラスク中佐と彼の同僚は、朝鮮半島史において重要な意味を持つ境界線を、それと知らずに選択していた。つまり、ロシア帝国時代に朝鮮半島の北部権益としてロシア皇帝が主張していたもの[2]を、アメリカ合衆国は容認するというシグナルを、ワシントンはモスクワに対して送ってしまっていたのである。ソ連はこの境界線を喜びのうちに受諾した。こうして、1000年以上にわたり一体であった「コリア」は、二つに分割されたのである。

もし時代が違えば、朝鮮半島の分割が永続的であることはなかったかもしれない。しかし、その後に続くソ連とアメリカとの冷戦が、「その場しのぎ」の手段にすぎなかった分割を、永続的なものとした。当初、「コリア」では国際連合の監督のもとに総選挙が実施されることになっていた。しかし、それは一度も実施されることはなかった。現実には、グローバルな対立のなかで両陣営がそれぞれに、別の国家を建国した。アメリカの支援を受けた大韓民国は、1948年8月15日に正式に建国した。それに一か月と遅れることなく、ソ連に支援を受けた朝鮮民主主義人民共和国が建国を宣言する。

この「解決策」は、初めから不安定なものであった。二つの国家はどちらも、朝鮮人民の唯一の代表であると主張した。両国ともに、軍事的解決を模索した。そして超大国はどちらも、この秩序を維持するために駐留しようとしなかった。１９４８年後半までにソ連軍が半島を去り、アメリカ軍も１９４９年６月に撤退した。南北朝鮮は、軍事力によって決着をつけるほかない状況に取り残された。

両陣営ともに、ゲリラ戦や大隊規模の襲撃を、境界線を越えて行った。北朝鮮を建国した金日成は、１９５０年６月25日、戦車と歩兵からなる軍を南へ侵攻させた。トルーマン大統領は即時に介入を決意し、ワシントンによって招集された国連軍が戦闘に加わった。(3)

しかし、アメリカにも勝てるという見込みがあったわけではない。「アコーディオン戦争」と呼ばれるように、半島を兵士たちが南北に行き来したのち、１９５３年７月にアメリカ政府は休戦を受け入れた。それはおよそ、北緯38度線に沿ったものだった。このときは、アメリカ軍は半島から撤退せず、休戦から数カ月後にワシントンとソウルのあいだで公式な軍事同盟が締結された。

今日、文在寅が平壌に降り立っても十分に安全だと感じられるのは、この軍事同盟があってのことだ。にもかかわらず、彼はこの同盟を弱体化させようとする意図を隠そうとしない。たとえば、一般世論が同盟軍の指揮構造について誤った印象を持ち[4]、同盟に反感を抱くよう、大統領は補佐官たちに誘導させている。文政権の高官は、2017年5月に政権が発足するとまもなく、北朝鮮の攻撃に際して韓国軍はアメリカ軍将校に指揮されると公に不満を表明した。

これは事実ではない。韓国におけるアメリカ軍の任務に5回就いたデイヴィッド・マックスウェルは、当時次のように説明している。

「アメリカが韓国軍の指揮権を持っていないことなど、文大統領の補佐官たちは十分承知している。文政権は韓国国民に対して指揮関係の性質について説明しなければならないし、米韓連合司令部について韓国大統領は対等な権威と指揮権を有していることを知らせなければならない。米韓合同参謀本部は、連合司令部について対等な権威と指揮権を有していることを確認している。どちらの状況においても、韓国の政権はこれを公にし、韓国の国防と合同指揮ついて対等な責任を負う」

文在寅は、韓国の防衛力を弱めるための他の手段も取り始めている。朝鮮半島を二つに分けている160マイルにわたる非武装地帯（DMZ＝DeMilitarized Zone）に存在している、有刺鉄線と監視ポストの撤去を、2018年の夏から秋にかけて大統領は一方的に指示した。また、彼は対戦車地雷の除去を指示した。これは、北朝鮮の機甲師団が韓国の首都へと侵攻するのを遅滞させる効果を持っていた。さらに、陸軍師団の削減と、徴兵期間の短縮（21ヶ月から18ヶ月へ）を提案した。パシフィック・フォーラムのタラ・オーが私に語ったところによると、「文在寅はドアを開けっぱなしにしているだけでなく、すべてのドアと窓を取り払おうとしている」のだ。

アナリストたちはまた、2018年9月に文在寅が訪朝し、金正恩と調印した17ページの軍事合意についても懸念している。たとえば、前述のオー女史は、DMZと境界水域上空の飛行禁止空域の拡大協定について、攻撃を受けたときに韓国が警告を発信できる時間が限られるとの懸念を示した。専門家はさらに、黄海（あるいは南北両国の呼び方にならうなら西海）上の島にある韓国軍砲兵隊の撤退についても懸念している。

9月合意の中心的な問題は、それによって攻撃側が防御側より大きく助けられてしまうことだ。韓国人のなかにはこれを「降伏文書」と呼ぶ人すらいる。なぜなら、文在寅が韓国の国防を放棄しようとしているように見えるからだ。

文在寅はより秘密裡の方法で、自国領の防衛力を弱めようとしている。例えばそれは、中国との合意においてもみられる。この10年のほとんどの期間、中国政府は韓国に対し、韓国への終末高高度防衛システム（ＴＨＡＡＤ）の配備を妨げようと圧力をかけていた。ＴＨＡＡＤはミサイル迎撃用のシステムである。ＴＨＡＡＤの配備を妨げるキャンペーンが失敗すると、中国は報復を始めた。北京はロッテ・グループやその他の中国でビジネスを行う韓国企業を標的にして、韓国からの輸入を制限した。そして、そこを訪れる中国人民の数を制限した。北京の指導者層は、ＴＨＡＡＤのレーダーが中国領空を監視するのではないかという懸念を、韓国が無視したことに憤ったのである。

仮にＴＨＡＡＤレーダーにそのような能力があったとしても、北京政府のキャンペーンは極端に厚かましいものだった。なぜなら、そのシステムにより防御できるのは、中国が作り出そうとしている脅威のひとつだからだ。中国は、金一族の弾道ミサイル計画に死活的に必要な機材と、高度先進技術をおそらく供給していた。中国企業によって金体制の核兵器開発計画に必要な部品や装備品、諸々の物資の供給がなされるようにしていた。

文政権はしかしながら、こうした紛争において北京側に与した。２０１７年10月末、文在寅は「三つのノー」というあまり評判の良くない声明を出した。それは、「ＴＨＡＡＤ

システムの追加的配備にノー」「アメリカ合衆国との統合的ミサイル防衛システムへの参加にノー」「日米韓の軍事同盟にノー」であった。これら三つの拒否的な声明は、前述のデイヴィッド・マックスウェルによると、韓国の実効的な防衛力を低減させると同時に、「ワシントンへ明確な事前の相談もしないということでアメリカの政治・軍事的な行動に制約を課す」という意味も持っていた。

端的に言えば、保守的な朝鮮日報紙が言うように「中国によるいじめ」に屈服したかのような文在寅による北京への便宜供与は、アメリカとの同盟関係と矛盾するものだ。この一件以来、ワシントンは関係悪化を恐れておおっぴらに文在寅を批判することは控えるようになるが、協力関係がより良くなることはなかった。１９５３年７月以来朝鮮半島において平和を維持してきた米韓関係は、今後十年と持たないかもしれない。

第2章　敵の旗の下に

文在寅は、アメリカとの同盟には信頼を置いていないが、自国の敵との「友好関係」には信頼を置いている。そして彼がしばしば示す忠誠心は、彼を指導者として選出した自国ではなく、敵に対して向けられている。

２０１８年9月に文在寅が平壌に到着したとき、ある報道によると10万人もの人民が彼を歓迎した。多くの人々が振っていたのは、北朝鮮の国旗か、白と空色で構成される統一コリア旗であった。文在寅の国のシンボルである韓国国旗を掲げる者は誰もいなかった。それにもかかわらず、彼は始終笑みを湛え、この明白な外交儀礼違反に不快感を示すことはなかった。韓国国旗を見ることのできたわずかな例は、文在寅を平壌へと運んだ専用機に描かれた2枚と、サムスン電子の李在鎔の襟章だけであった。文在寅の補佐官たちは誰も韓国国旗の襟章をつけていなかった。文在寅もつけていなかった。

この訪朝を通して、文在寅は彼を大統領に選んだ国家の正統性をないがしろにするような「独自路線」を貫いた。彼の言葉はひとつのカギである。訪朝中、彼はしばしば韓国について「ナム・チュック」と表現した。文字通りの意味は「南側」あるいは「南」なのだが、韓国指導者は慣例として「ハングク」、すなわち「韓民族の国家」という言葉を用いてきた。文在寅はまた、「ナム・チュック・ゴックミン」、つまり「南側の市民たち」という言い方もした。韓国大統領は通常、「ウリ・ゴックミン」という。「我々市民」、ひいては「我が国民」という意味だ。北朝鮮と異なる国家の国民としてではなく、朝鮮半島の地理的一部の住民として、文在寅は韓国国民をこの言葉遣いによって表象したのである。

金正恩はしかし、文在寅のレトリックに応えはしなかった。文在寅の訪問中、金正恩は共産主義者の用語である「ウリ・インミン」、すなわち「我ら人民」や「我が人民」という意味の言葉を使い続けた。北朝鮮が完全に正統な国家であるという認識を示すのに、金正恩は何ら躊躇しなかったのである。

朝鮮半島の両国は、文在寅の韓国だろうと金正恩の北朝鮮だろうと、お互いを正統な国家と承認していないはずだ。ところが、訪朝中の文在寅の言葉遣いは、些細なことではあるものの、自国の正統性すら表明しないという重要なシグナルだったのである。

文在寅は、朝鮮半島の政治的正統性に関わるソウルの核心的な立ち位置すら変更しようとしているようだ。韓国の建国以来、学校教科書には韓国政府が「朝鮮半島における唯一の正統政府」と記述してきた。ところが恐るべきことに、文政権の教育省は、この建国に関わる宣言文を教科書からすでに削除してしまったのである。それだけではない。元アメリカ空軍の情報分析官も務めた前述のタラ・オーの報告によると、韓国統一省は研修教材の重要な一節を削除したというのである。

１９４５年の南北分断以降、南北ともにあらゆる朝鮮半島の指導者は、統一を唱えてきた。文在寅が、金正恩との首脳会談において、二つの対立する国家の統一を呼びかけたことに不思議はない。２０１８年9月19日に文在寅と金正恩の首脳会談において発表された平壌宣言では、次のように述べられている。

「両首脳は、朝鮮国家の独立と民族自決の原則を確認し、国民和解と協力、強固な平和と繁栄に向けて両国間関係を一貫して継続的に発展させることに合意し、現在の両国間関係が再統合につながるというすべての朝鮮人の切望する願いと望みを現実のものとすべく、政治的手段を通して努力を重ねていく」

幾年にもわたり、韓国政府も北朝鮮政府も、再統一計画を提示してきた。たとえば金日成は「高麗民主主義連邦共和国」構想を、韓国の盧泰愚大統領は「コリア連邦」や「朝鮮民族共同体」構想を掲げた。これらの構想のほとんどは、完全な統一の前段階として、一国の中に二つの政府が存在する状態を考慮していた。しかし、これらの柔軟な調整案ですら、必要な支持を得るには十分でなかった。二つの朝鮮国家はそれほどに異質で、それほどに敵対的だったのである。「対等な婚姻関係」など、実行不能であった。

しかし、そのような婚姻関係の現実化が、まもなく起こりそうである。文在寅は、相手国の条件を呑んで統一を受け入れようとする半島最初の指導者のようだ。統一への道を切り開くために、彼は韓国の政治体制をより北朝鮮のものと適合するように組み替えようとしているからだ。

最も基礎的なこととして、文在寅政権の与党である「共に民主党」は、2018年初頭に憲法における「民主的」の概念から「自由」の要素を削除しようとした。韓国の保守陣営はこの動きを阻止したものの、同じ年の6月に今度は教育省が、国定教科書の記述を書き換える提案を行ったのである。それは、韓国の政治体制を「自由民主主義」ではなく単に「民主主義」と記述する、というものであった。この教育省のたくらみは成功し、中等教育の教科書からは「自由」についての記述が削除された。

朝鮮半島において、民主主義は必ずしも「自由」を含意しない。金体制は自由主義の概念は否定するものの、自国が「民主主義」であるとの建前は維持している。そもそも、北朝鮮の正式国名は朝鮮「民主主義」人民共和国なのである。文在寅の政権与党も「民主主義」のラベルを共有しているが、しだいに自由主義政府への攻撃を始めている。

文在寅は、韓国の民主主義的体制を確実に弱体化させている。大統領になって以来、彼は国内の大手放送局への統制を強めている。それにより、彼に異を唱える見解について報道を減らし、北朝鮮に都合よい見方を広めさせようとしている。2018年9月に親北朝鮮工作についての専門家ローレンス・ペックは「あるアメリカ人専門家が最近韓国を訪れたとき、文在寅の北朝鮮政策に批判的ないかなる言動も慎むよう、国営メディアから警告を受けた」と教えてくれた。

報道に関する統制に加えて、文政権はソーシャル・メディアの規制にも乗り出している。司法省は、「社会不安」を引き起こすと判断したコンテンツの削除を可能にする方法を模索している。

大統領の政権与党である「共に民主党」は、放送法改正法案を起草し、YouTube動画などを削除する権限を政府に与えようとしている。「YouTubeは、民主的な共和国としての韓国の防衛を求める人々にとって、唯一残された回路だ」と、韓国の元外交官で、コリア財団の元理事長であるイー・インホは述べている。

YouTubeに圧力をかけるには法など必要ない、と文在寅は示そうとしている。グーグル・コリアが、政権与党による１０４件のYouTube動画の削除要請を拒否すると、彼の政権は同社に対する脱税調査を開始した。おそらく何らかの報復だと思われるのだが、「共に民主党」のメンバーは、ソーシャル・メディアに規制を科すと威嚇している。文政権は、社会に対する物質的な損害について制裁を科す用意をしていると宣言した。

服従しない者への抑圧キャンペーンについて、文在寅は〝苛烈〟という他ない。韓国警察庁は、不正確な事実が含まれていると政権が疑ったいくつかの言動について、捜査を行っている。

前述の北朝鮮問題の専門家ローレンス・ペックが言うには、最も頻繁に使われる戦術は「政権の批判者に対してかなり際どい線の名誉棄損容疑で訴追する」ことだ。こうした批判者の一部は、ジャーナリストである。おそらくジャーナリストに対する最も重要な訴追は、メディアウォッチ社に所属するジャーナリスト邊熙宰《ビョン・ヒジェ》に対するものだろう。2018年12月、邊とメディアウォッチ社の同僚三人は、ケーブルテレビ・チャンネルのJTBC社に対する名誉棄損で有罪を言い渡された。文在寅の前任者である朴槿恵が弾劾を受けて失職した際に証拠として利用された、タブレットPCが捏造されたものだという報道の正確性が疑われたためである。[6] 邊熙宰らのジャーナリストを無罪とすることは、JTBC社のストーリーが不正確だったと認めるようなものだった。そうなれば、前述のタラ・オーが私に説明したところによると、「そもそも朴槿恵はなぜ弾劾されたのかという問題」が持ち上がりかねなかった。事件のこうした特異な性質を考慮すると、さらに名誉棄損での起訴はまれで、判決前の拘束はさらにまれであることも考慮すると、邊熙宰と彼の同僚に対する有罪判決に、政治的要素が働いたことはほぼ確実であろう。

文在寅政権は、他の批判者も沈黙させようとした。たとえば、平壌との和解促進の試みの中で、政権は北朝鮮からの脱北者に、金正恩体制について批判的なことを口にしないよう圧力をかけた。それ以外にも、文政権は自国民についてさまざまな「ブラックリスト」を作成し、調査や嫌がらせの標的としている。

ローレンス・ペックの言葉を借りると、保守派の言動は、「迫害され、検閲され、焚書され、訴追され、圧力をかけられ、あるいは報復を受け、嫌がらせを受ける」のである。行き着く先は、元外交官であるリ・インホの言う「恐怖による統治」である。恐怖のキャンペーンは、「ごくさりげなく」開始されたのであるが、今となっては、かつて見聞したこともないようなものとなってしまった。「今や、誰も政治については話をしません」と２０１８年11月の取材時にリ・インホは語っていた。「まさしく、恐怖による統治です」、と。

沈黙にはおそらく、文在寅による抑圧が最も顕著に現れている。もう一つの現れ方は、韓国の孤立だ。同じく２０１８年11月、あるアメリカ人の韓国研究者が私に語ったところによると、韓国にいる彼女の友人の何人かは、彼女との連絡をとりたがらなくなった、という。なぜなら、文政権を批判するアメリカ人と話をしたとの理由で、文政権にマークされる恐怖を抱いたからである。

政府に対する恐怖は、他の面でも確認することができる。ソウルにおいて反文在寅を標榜する「太極旗運動」[7]が行われたとき、多くの若い抗議者たちは、マスクで顔を覆ったり、カメラマンから顔を隠したりするのを余儀なくされた。

危険分子である親北勢力が今や、現実問題として、好き勝手に行動する許可を得られたのだから、韓国人たちが懸念を抱くのも道理である。韓国の親北朝鮮勢力は、北朝鮮への支持を公言するだけでなく、行動する自由まで手に入れた。そのなかには、他者への自由を否定することまで含まれる。北朝鮮の熱狂的な支持者は、「人間の屑」の逮捕を要求する運動を行った。ここでの「人間の屑」とは、北朝鮮を脱出して韓国に逃れた人々のことを指している。過激派は、脱北者２人を「指名手配」するポスターをソウルに掲示し、彼らがどこにいるか報告するよう住民に求めている。この２人の脱北者は、平壌による暗殺計画の標的と考えられており、このポスターは彼らの生命を脅かしている。

親北朝鮮活動家からなる「白頭称賛委員会」（ペクトゥ・グループ）や、その関係団体である「フラワー・ウェーブ」[8]らは、教室に押し入りプロパガンダを叫んだり、ウェブニュース「デイリーＮＫ」のオフィスに押しかけスタッフを脅迫したりするなどした。人権活動団体のオフィスに侵入し、活動を妨害したこともある。白頭称賛委員会のメンバーは、おおっぴらに殺害予告を行ったり、リンチのように標的をロープでつるし上げて民衆の笑いものにするステージを行ったりしている。彼らは、警察との乱闘すら行っている。

韓国人のなかには、彼らの国家の自由民主主義が「いまや崩壊の危機に瀕している」と信じている者もいる。２０１８年9月4日に公開された「国家が直面する国家緊急事態についての韓国議会声明」にもその文言がある。(9) 自由の喪失は、韓国で今や広く共有される危機感なのである。

もちろん、文在寅が韓国における権威主義体制を作り上げたわけではない。韓国には、初代大統領である李承晩以来の、強権的統治の長い歴史がある。その路線は、強権的な朴正煕に、さらに二人の軍人大統領である全斗煥と盧泰愚にまで引き継がれた。盧泰愚以降の大統領は、朴槿恵もそうだが、強い国家権力の行使と濫用をいとわなかった。

文在寅は、これらと一線を画すと約束した。２０１７年5月の就任演説で彼は、「私は大統領の強権的な慣行を除去することに奮闘する」と宣言した。ところが、人権派弁護士であり民主主義の闘士であることで頭角を現した文在寅自身が、前任者の朴槿恵よりもはるかに国家権力を行使することに貪欲だった。彼は、数十年にわたる民主化と自由化の流れを逆行させ、韓国を暗黒時代へと引き戻そうとしている。明日の韓国は、不幸なことに、過去の韓国に近づいていているのだ。

第3章 「新生コリア」

「新たなる『コリア』に向けた第一歩を私は踏み出す」と文在寅は、就任演説で宣言した。そして彼は、「新たなる何か」を約束し続けてきた。2018年10月にも、「新たなる秩序が朝鮮半島に形成されつつある」と声明した。

「新たなる秩序」なるものは、韓国社会の様々な部門を悩ませているまさにそのものである。もし文在寅が我が道を行こうとすると、行きつく先にはほぼ確実に、北朝鮮との公式な連合があるだろう。その連合が連邦共和国になるのはほぼ確実のように思われる。もしそうであるなら、共和国の中に二つの政府が存在することになる。

金日成はかつて、韓国政府を完全に乗っ取るための手段として、連邦制を提案したことがあった。現在は民主主義防衛財団に所属している元アメリカ陸軍士官のデイヴィッド・

マックスウェルによると、平壌から朝鮮半島全体を支配するという遠大なる野望を、金一族が放棄したことは過去に一度たりともない。金一族はその目標のために、「破壊、強要、威嚇、そして武力行使」を過去から現在まで利用し続けている。公式な統一朝鮮が発足した場合、金正恩はより多くの破壊、強要、威嚇、武力行使の機会を手にするだろう。それにより、自国社会の制度を防衛する気のあまりない親北朝鮮勢力に、韓国政府を乗っ取らせようとするだろう。そのなかには、特に文在寅のような人物が含まれる。

そうでなくとも、文在寅に近しい補佐官は、そのような傾向を見せている。文在寅政権の「身内」には、いわゆる「主体思想派」と呼ばれる人々が含まれている。主体思想とは、北朝鮮の依って立つイデオロギーである。言い換えると、彼らは北朝鮮によって乗っ取られるべく、熱心に活動しているというわけだ。今日においても、彼らの幾人かは、若かりし日に薫陶を受けた思想を否定しようとしない。文政権で過激思想を有するスタッフの１人であった任鐘晳《イム・ジョンソク》元首席補佐官をめぐって、２０１９年１月に彼が辞任に追い込まれるまで、疑念が吹き荒れたことがある。そして、文在寅は補佐官に極左的な人物たちをいまだに用い続けている。

北朝鮮との公式に統一朝鮮が形成されるか否か以前に、韓国の自由を愛する人々に危機が迫っている。それは、北朝鮮を統治する金一族と、韓国を統治する文在寅と彼の補佐官たちとの間に、大きな目的の共有がなされているということなのだ。

これは、韓国の自由主義的制度が滅亡の危機に瀕しているということだろうか。必ずしもそうとは言えない、いくつかの理由がある。

第一に、様々な再統一についての会合を行っているにもかかわらず、文在寅政権内部の親北朝鮮勢力が、実際に北朝鮮主導で韓国を併合することを望んでいるとは明言できない。マックスウェルが指摘するように、韓国の「主体思想派」が求めているのは何より、「自分たち個人の政治的権力」だからである。

金一族の統治下では、個人的な政治権力などというものを、長期にわたって彼らが確保するのは困難だ。言うまでもなく、北朝鮮は現代世界において最も個人独裁的な国家である。金正恩の「政府」（そう呼ぶに値するかどうかは別にして）の実行するあらゆるものごとは、金一族の統治を永続化させ、確固たるものにするという目的に合致するよう、構造化されている。息苦しいほどカルト的な個人崇拝なども、そのなかに含まれる。金日成は、彼以外に権力を集めようとするいかなる勢力も、無慈悲に排除した。彼の息子であり後継者である金正日もそうだ。その後継者である金正恩は、特に「血に飢えた」権力者である。２０１１年末に、父親の急死という予期せぬかたちでの権力継承がなされるとただちに、彼は数百人もの高官を処刑した。

文政権の高官たちは、北朝鮮主導で韓国が吸収されてしまうことには関心がない、とマックスウェルは指摘する。文政権の高官にとって、個人的なポジション維持の方が、イデオロギーよりよほど優先順位が高いからだ。そうすると、二つの朝鮮国家が存在することは、あるいは少なくとも統一国家内部に二つの政府が存在することは、予見可能な未来においては最も起こりそうな事態である。

必ずしも韓国の自由主義的制度が滅亡の危機に瀕していると言えない第二の理由は、文在寅自身の意図はどうであれ、彼は自身の野望を完遂するほどの政治的資源を持っていないということである。彼の支持率は急速に下落している。韓国の大統領は、他の民主主義国での指導者たちに比べるとはるかに高い頻度で、この宿命に襲われる。大統領任期が一期限りと定められており、そのために就任直後からレームダック化するというのも、要因の一部であろう。

過去のパターンを否定するように、文在寅は就任から一年のあいだは、支持を維持し続けた。彼の支持獲得の大きな原因は、金正恩との関係構築によるものである。北朝鮮との

第一回の首脳会談を行った際には、韓国大統領としては過去最高の、86パーセントもの支持率を得た。しかしその後は、宗教、イデオロギー、年齢、いずれのカテゴリーにおいても、支持率の低下に直面しはじめたのである。

文在寅の、独断的でトップダウン型のスタイルは、特に不人気である。彼に対する最も熱狂的な支持者であっても、この「リーダーシップ」の取り方には、鼻白んでいる。2018年の終わりに、韓国国内の100以上の大学の学生たちが、彼を「キム・ムン」と呼ぶ投稿[10]を行った。文在寅が直面している最も深刻な問題は、国民のほとんどは経済問題についての懸念を持っているにもかかわらず、彼自身が最もエネルギーを割きたいと考えているのが北朝鮮との関係改善だという、ギャップである。そのために、経済政策において失策が続いているという継続的な批判に、文在寅はさらされ続けているのである。

「雇用促進大統領」と自任する文在寅の支持率は、2018年9月に初めて50%を下回った。高い失業率への怒りが、特に支持率を引き下げた要因となった。就業者数の伸びは、過去9年間で最も低い数字であった。文在寅は「収入主導の成長戦略[11]」を掲げており、一部の論者はこれを「社会主義的」と批判しているのだが、こうした左翼的な経済政策は、経済の持ち直しに成果を得られなかった。支持率の低下に対して、「我々は事態を重く受け止めている」と、金宜謙《キム・ユイキュン》大統領報道官は述べ、文在寅は「人々の声により耳を傾ける」とも約束したものの、支持率低下には歯止めがかかっていない。おそらく彼が喜ばせようとしている「人々」は、急進左派的な勢力であり、経済成長を妨げるような政策を好むのであろう。文在寅の「ジェイノミクス」は、破綻し、最近はより中道的な政策へと舵を切ろうとしている。ところが、これは彼を支持する極左や「進歩系」勢力を遠ざけてしまう。

文在寅は、経済政策における苦境を脱するためのひとつの方策として、非武装地帯(DMZ)の北側にいる低賃金労働者、すなわち北朝鮮人民を利用しようとしている。彼の「新朝鮮半島経済マップ」では、南北合弁による工業地域の開発と、開城《ケソン》工業団地の再開を呼び掛けているのだが、ある評論家によると、これは北朝鮮労働者を利用しようという目的を隠して、「体面を保つ」ためのものだと言う。2018年8月の光復節演説では、文在寅は二つの韓国をまたがる「統一経済圏」構想を打ち上げた。

ところが、文在寅がやろうとしていることは、国連安全保障理事会またはアメリカ合衆国の制裁によって、禁止されているものばかりだ。そのために、金正恩の国家と現時点で経済協力を行おうとしても、やれることには大きな制約がある。

将来的に、経済政策は文在寅の支持率に重くのしかかるだろう。

必ずしも韓国の自由主義的制度が滅亡の危機に瀕していると言えない第三の理由は、南北統一政策は、当初期待されていたほどには人気を博していない。数十年前であれば、朝鮮半島の統一には幅広く根深い支持を得ることができただろう。しかし、韓国国民は、西ドイツがドイツ統合において被った経済的コストの大きさを目撃してしまった。そのため、朝鮮半島の統一は目標として維持しつつも、両国間のギャップが狭まるまでは延期されるべきであると考えている。

１９９０年代の初めごろには、統一によって生じる費用は、６０００億ドルから5兆ドルまで、試算に幅があった。試算額は、時間が経過するごとに大きくなっていった。１９９１年、盧泰愚大統領はついに「我々国民は統一を加速することを望んでいない」と発言、真意を明らかにしてしまった。１９９０年代初頭以来、統一にかかるコストがあまりに大きすぎると、常に考えられてきたのである。

この韓国側の自己中心的な背景は一般的に人口に膾炙し、文在寅が金正恩体制に対して行うことのできるサポートを限界づけている。特に、韓国経済が弱っているときには、この制限は強く働く。これら3つの視点から、老若男女問わず、韓国の幅広い層において、文在寅による北朝鮮への接近政策は、懐疑の目にさらされているのである。

高齢の有権者層は、１９５０年６月の北朝鮮による侵略を記憶しており、金体制に対してゆるぎない敵意を抱いている。金正恩との橋掛かりを作ろうとする文在寅の試みは、この高齢者層を中心として歓迎されない。そうした試みの中には、韓国に対する「侵略」という文字を教科書から削除しようというものも含まれるのだから、当然だ。

若い層もまた、文在寅の統一主義者的な立場には与しないようだ。彼らの多くは、自分たちの国を「コリア」だとは考えていない。そうではなくて、自分たちは「韓国人」なのだというアイデンティティを持っている。彼らにとって北朝鮮とは、核の脅威を振りかざす貧困国であり、敵対的な隣国、なのである。言うなれば、北朝鮮人民は「外国人」なのである。２０１７年に「国家統一のためのコリア研究所」によって行われた調査によると、20代の回答者のうち統一を「好ましい」と回答したのは、38・９パーセントにすぎなかった。

社会全体で見れば、統一に対して相対的には高い支持が見られており、57・８パーセントが「賛成」と回答した。それでも、北朝鮮との統一に対する好感度は下がる傾向がみられる。２０１４年に行われた調査では、南北朝鮮の統一を69・３パーセントもの人々が好ましいと回答していた。

文在寅政権の統一政策が行き過ぎていると韓国世論が考え始めたとき、文在寅自身はアピールするものを失った。それは、2018年初め、平昌オリンピックにおける韓国の女性アイスホッケーチームに、北朝鮮のプレイヤーを追加するよう文在寅が強く促した時期にあたる。彼の支持率はこの年の1月、3カ月来の低い水準まで落ちた。すなわち、韓国チームに対する高圧的な扱いへの反発で、1週間で6パーセントも下がったのである。別の調査では、10パーセント低下したとの結果も現れた。政治的事情のために、韓国のアスリートたちが席を明け渡さざるを得ないという方針を望むものなど、ほとんどいなかった。平昌オリンピックではなく、「平壌オリンピックだ」という不平も広く聞かれた。若い韓国人たちからの不支持率は、どの調査でも高くなった。

朝鮮半島を一体と見る「コリア・ナショナリズム」ではなく、新しい「韓国ナショナリズム」は、統一事業に対して好意的ではない。その結果、文在寅は支持率を回復するための現実的な方法を、たったひとつしか持てなくなった。

韓国に批判的な「アイズ・オン・コリア」ブログを運営していた韓国人ウスン・チュンはその晩年、「この国は論理によって動く国ではない。感情に訴えかけなければならない。しかしその感情も、実に振れ幅が大きい」と、2000年代半ばに私に語っていた。

第4章　金正恩がソウルに降り立つ日

文在寅が政治的な基盤を回復するためには、金正恩に対する大衆感情を大幅に動かす必要がある。実際に、文在寅の支援によって、金正恩は韓国国民のハートをつかみつつある。そして、金正恩自身もこれを模索している。2018年9月に韓国高官たちと金正恩が「ハート」のジェスチャーをしている姿が撮影されたが、これは韓国側で広く報じられた。

このように、金正恩は文在寅を手助けすることができる。一方で、韓国の大統領は金正恩の協力を必要としている。金正恩がソウルを訪問するという計画は、楽観論を呼び起こし、ほとんどユーフォリア（多幸感）とでもいうべき状態となった。これにより、韓国大統領の支持率も高くなった。2018年9月の平壌宣言では、北朝鮮の指導者が「早い時期にソウルを訪問することに合意した」との一節が盛り込まれた。

文在寅によれば、2018年中に金正恩がソウルを訪問することを約束すると、公言していたことも記録されている。多くの人々が、この歴史的な訪韓旅行は11月に行われるだろうと考えていたのだが、金正恩は現れず、次に12月ではないかと観測された。文在寅は、訪韓歓迎グループを形成させ、ソウルの警備の厳重なホテルを北朝鮮の高官に用意し、さらにメディアには希望的なコメントを掲載するよう焚きつけてまわった。それにもかかわらず、金正恩は2018年末までに現れることはなかった。

文在寅政権はいまも、金正恩が訪韓してくれることを祈っている。もし訪韓が実現すれば、ただちに歴史的なものとなるからだ。朝鮮戦争の停戦以来、韓国の首都に降り立った北朝鮮の指導者はだれひとり存在しない。2018年4月下旬に、金正恩は板門店の軍事境界線を韓国側に超えたことで、平時に韓国側を訪問した初めての金一族の指導者になった。

父である金正日もかつて、ソウル訪問を約束したことがある。しかし、それは実現されないままに終わった。もし、金正恩が約束をただちに履行しなければ、文在寅の支持率も失われてしまうだろう。現時点で、金正恩が頻繁に外遊しているからこそ、これは現実に起こり得ることだ。彼は指導者として2018年に初めて外遊を行った。そのうち3回は中国訪問であった。3月末に自国領の外に初めて出かけ、北京を訪問した。5月上旬には大連を訪問した。さらに6月にはトランプ大統領との首脳会談と続けて、再び北京を訪問した。金正恩は、2019年1月にも北京を列車で訪問している。中国を立て続けに4回も訪問しているのに対し、中国の習近平はいまだに北朝鮮を訪問したことがない。ここからは、金正恩が中国政府に呼び出しを受けている様子が垣間見える。

文在寅にとって不幸なことだが、彼には中国ほど金正恩を引っ張り出せる力をもっていない。すると、彼の政治的将来や政治的成果は、本質的には北朝鮮の手に握られていることになる。もし金正恩が彼の父・祖父と根本的に異なり、国際コミュニティへの参画を決心しているのだとすると、文在寅は巨大な成功を手にすることができる。一方で、金正恩が国際社会の外側にとどまり続けるのであれば、文在寅の政治的成果はかき消され、金大中と盧武鉉という「進歩派」の二人の前任者のような結末を迎えるだろう。

1998年に金大中《キム・デジュン》が大統領に就任すると、彼は直ちに「太陽政策」を推進した。イソップ物語にあるように、冷たい北風では着込んだ男のコートを脱がせられないが、太陽であれば脱がせられる、という含意である。「私たちは南北の和解と協力を積極的に推進し、容易に合意できる領域からこれを進めてゆく」と、金大中は就任演説で語っていた。

金正日は、この金大中の呼びかけに芳しい反応を見せなかった。韓国の政策としては、異常なほど気前の良い政策であったにもかかわらず、である。韓国によるソフト路線は、軍事的緊張緩和につながらなかった。それどころか、北朝鮮による瀬戸際政策は、対話不能な状況にまで達した。金大中が北朝鮮に援助を送ると、北朝鮮政府は弾道ミサイルならびに核兵器の開発を継続した。太陽政策は機能せず、政策とは言えなくなり、やがて自壊した。

最終的に韓国国民は忍耐力を失った。当時、韓国国会において中心的な野党議員であったパク・ジンは、「(太陽ではなく)日焼け政策だ」と言っていた。加えて、北朝鮮の専門家であるノーバート・ヴォラーセンは、「強すぎる太陽光線はかえって砂漠を作る」とは指摘していた。

しかし、金大中の跡を継いだ盧武鉉《ノ・ムヒョン》は、太陽政策の明確な失敗にもかかわらず、この政策の修正に取り掛かった。盧武鉉政権は、太陽政策と全く異なるものとして、「平和と繁栄の政策」を主張したが、実態は同じで、単にラベルを張り替えたものに過ぎなかった。北朝鮮が協力を拒否すると、盧武鉉は韓国での足場を失い、「愚かな盧」というあだ名をつけられる始末であった。

これらのことすべてが、文在寅にとっては教訓となるはずだった。なぜなら、彼は盧武鉉政権の幹部だったから[12]である。それにもかかわらず、文在寅は彼のかつての上司と同じ轍を踏もうとしているのだ。

第5章　核危機

文在寅にとって大きな課題は、彼が板挟みになっていることである。金正恩は核という最大の破壊兵器を手放す気がほとんどない。一方で、ドナルド・トランプは、彼に核放棄を強く迫り続けている。とりわけ、ワシントンと平壌の対立は、韓国大統領にとって不満が鬱積するものとなってしまった。

韓国国民は自国のことを、「クジラの群れに挟まれたエビ」と自嘲する。しかし、盧武鉉はこのエビのたとえを好まなかった。極端なほど彼は自国の能力を過大評価しており、韓国政府は「バランス役」を担えると自認していた。つまり、政治課題ごとに、北京＝モスクワ＝平壌の「北部同盟」と、ワシントン＝東京などとの「南部同盟」との立場を行き来しようというのだ。盧武鉉は、「北東アジアにおける力の均衡は、我々の選択いかんによって変化しうる」と言ってのけた。

文在寅は、彼のかつてのボスよりはましな外交官のようであり、ここまで露骨なことは言わない。しかし、考え方そのものは、盧武鉉のそれと異なるものではない。文在寅は実際に、アメリカと中国とのあいだに立った外交運営をしており、「三つのノー」のような声明を発表する。そして、アメリカと北朝鮮についても、両者の間に立とうとしているのである。

文在寅にとってみれば、金正恩の核兵器計画は朝鮮半島統一に向けた障害のひとつに過ぎない。北朝鮮に「すべてをかける」と明言しているこの韓国大統領は、我が道を行こうとしており、２０１８年9月にはアメリカの反対を押し切って、開城工業団地の再開に関する連絡事務所を開設した。開城工業団地は、非武装地帯（ＤＭＺ）のすぐ北側にある。開城工業団地への連絡事務所の設置も、韓国からの電力供給も、どちらも国連安保理決議に違反していた。

同盟関係にひびを入れないように、ワシントンは文在寅の政策方針にしぶしぶ同意し、公の批判は控えていた。現時点では、温度差はあるものの、ワシントンもソウルも共に、北朝鮮政府と関与しようという点では一致している。しかし、この一致が長く続くとは思らだ。

えない。トランプ政権の政策は別方向に向こうとしており、ギャップが広がりつつあるか

２０１８年5月中旬ごろから、トランプ大統領による「最大圧力」政策が非常な成果を発揮し、金一族の資産に流入する資金を半分まで抑え込んだ。すると、トランプ大統領は方針を変更し、同じ月に金正恩の資金源となっている中国やロシアなどの30あまりの企業に対する制裁を解除した。

オタワでのG７サミットにおいてトランプ大統領は、金正恩に武装解除への「一度限り」のチャンスを与えるつもりだと発言した。それは、２０１８年6月12日の、シンガポールでの金正恩との歴史的会談の数日前であった。明らかにトランプ大統領の政策は、金正恩が核兵器を手放してもよいと思える安全な環境を創出することにあった。

その時から、金正恩のマネーロンダリングに対してアメリカによる制裁違反認定は続いたものの、トランプ政権はその大部分について、制裁を緩めることにした。金一族は常時頻繁にマネーロンダリングに使用する「フロント企業」を変更しており、制裁違反認定をしなければ平壌にとって制裁の抜け穴となる。同じように、トランプ政権は丹東銀行について、２０１７年6月29日に愛国者法に基づいて「マネーロンダリングに関する重大な懸

念」のために制裁違反認定をした。それ以降、トランプ政権は中国企業が金正恩の資金を操作することに対して介入していない。マイク・ポンペオ国務長官は２０１８年にしばしば、アメリカは金正恩への制裁を維持していると繰り返したが、これはややミスリーディングである。

トランプ政権はまた、他にも金正恩に好意的な政策を採っている。たとえば、北朝鮮が軍事演習を継続していたとしても、米韓合同演習の規模を縮小したり停止したりした。最も顕著な例は、四カ月にわたる冬季訓練期間におけるそれである。おそらくもっとも重要なのは、不適切なまでに大げさなコメントをしているものの、トランプ大統領が金正恩とその恐怖政治体制に政治的正統性を与えていることだ。

文在寅の見方は、少なくとも公にされている限りにおいて、金正恩はもはや引き返すことのできる一線を超えてしまった、というものである。「いまや、北朝鮮が核兵器を放棄するというのは、北朝鮮が引っ込めようとしても不可能なほど、周知のものとなっている」と２０１８年９月に文大統領は述べている。

現時点では、文在寅ほどヒロイズムにあふれたものではないが、トランプ政権の政策も似通った前提に立っている。すなわち、金正恩は核兵器と弾道ミサイルを放棄するという戦略変更を行い、その結果、北朝鮮は国際社会に復帰できるだろう、というものだ。もし文在寅とトランプが正しいのであれば、ソウルとワシントンの同盟関係はこのまま続いてゆくことになる。

しかし、金正恩は、最終的な決断をはっきりと下したわけではない。トランプ大統領との一回目の会談以降も、北朝鮮は核兵器施設とミサイル基地をアップグレードし続けている。寧辺《ニョンビョン》核施設や、嶺底洞《ヨンジョドン》ミサイル基地がそれにあたる。北朝鮮はまた、核物質の増産も行っている。

これらの行為はどれも、2018年6月12日の米朝共同声明に違反していない。そこでは、「朝鮮民主主義人民共和国は朝鮮半島の完全非核化に向けた努力を行う」とうたわれているだけである。しかし、首脳会談以降にも続く非妥協的で敵対的な政策を見るに、金正恩は武装解除を決心していないのだと考えられる。それは、平壌の様々な声明文からも読み取れる。彼らは、最も強力な破壊兵器を、「正義のための宝剣」と呼び、廃棄する気配を見せていない。

こうした状況において、アメリカの政策はほぼ確実に、現実的な圧力へと方針転換するだろう。それは、「砲火と威嚇」による脅威である。それが現実のものとなれば、韓国政府とアメリカ政府の関係は谷底に沈んでしまう。ワシントンが韓国の「バランシング」政策にそれほど寛容でなくなれば、同盟は最終的に決裂してしまうかもしれない。

終章　韓国最後の大統領

アメリカの政治誌「アトランティック」に、ワシントンDCの弁護士で東アジア政治の専門家でもあるS.ナサン・パークは次のように書いた。「北朝鮮からの難民の息子である文在寅は、朝鮮半島の再統一に向けたあらゆる感傷的な　願望を見るに、韓国最後の大統領になりたいのかもしれない」

「二つの朝鮮国家が平和に合意する千載一遇のチャンス」だと思っている人は、少なくないのかもしれない。

朝鮮半島再統一というこの壮大な見通しは、あながち間違いでもないようにも思われる。いまや、二人の朝鮮半島の政治指導者は、共通の統一政策を見出すことを強く決心したように見える。金正恩は、父・祖父と同じように、韓国を奪取したいのだろう。そして文在寅は、それを手伝おうとしているように見えるのだ。様々な場面で表出しているどの出来事をとってみても、韓国の政治指導者は自由、民主主義、人権を固く信じているとは言えない。また、特にアメリカに好意を抱いてもいない。

結果的に、金正恩は明らかに自分に有利な条件で半島の統一を達成できると考えている。結局のところ、彼は「最終勝利」のことを考え続けているのである。最終勝利とは、韓国を占有するという意味で北朝鮮では使われる言葉だ。そして、朝鮮戦争の初期段階[13]以来はじめて、それが可能な環境が整っているのである。

文在寅は、大韓民国の19代目の大統領だが、その有終の美を飾ろうと決心したのかもしれない。金正恩はもちろん、それを現実のものにしようと決心しているだろう。

注

(1) 5つの占領とは①漢四郡時代:漢帝国による占領(B.C128年~313年)②安東都護府時代:唐帝国による占領(668年~773年)③モンゴル・元統治時代:元帝国による占領(1259年~1356年)④日本統治時代:大日本帝国による併合(1910年~1945年)⑤連合軍軍政期:日本の敗戦による連合軍統治時代(1945年~1948年)を指す。韓国では一般的に⑤を除いて4つの占領時代と認識されていることが多い。

(2) 朝鮮半島を38度線で分割することとなった要因はいくつか存在するが、主だったものに下記の2つが上げられる。①「朝鮮戦争の起源第一巻」(ブルース・カミングス著、影書房p181)には、日露は1896年(日清戦争の翌年)と1893年(日露戦争の前年)の2度にわたり、38度線を境界として朝鮮の分断を話し合ったことが根拠とされている。また、②「戦後秘史8」(大森実著、講談社刊p48)によれば、第二次世界大戦期に日本の大本営が本土決戦に備えて38線以北は関東軍の直轄、38度線以南を大本営直轄の朝鮮軍(朝鮮半島を担当する大日本帝国陸軍)と担当地域を割り振りしていたことに起因するという説が掲載されている。

(3) 数百人程度で構成される最小の戦術単位。

(4) 日本でも韓国軍の戦時作戦統制権については誤解が生じている。有事が発生した際には、韓国大統領が国防長官に対策を指示。国防長官の指示を受けて、米韓合同参謀本部が作戦概要の指示を米韓連合司令部に送り作戦を遂行する。このように、元来有事の際は米韓連合司令部が戦時作戦統制権を行使することとなっていた。(平時の作戦統制権も1994年まで米韓連合司令部が有していた。)しかし、盧武鉉政権時代に戦時作戦統制権の韓国軍への移管要求が高まり、2006年10月の米韓定例安保協議会において戦時作戦統制権移譲に合意することとなった。翌年の米韓防衛首脳会談で２０１２年に移譲することが決定したが、李明博政権下で北朝鮮による核実験や韓国海軍の軍艦「天安」沈没事件が続発。こうした事態を受け、移譲が先送りされ、現在は２０２０年代半ばをめどに移譲するとしている。

（5）アメリカ国防総省は２０１６年7月7日に「韓国と米国は韓国及びその国民の安全確保のための防衛手段として、また朝鮮民主主義人民共和国の大量破壊兵器及び弾道ミサイルから同盟国の軍事力を守るためＴＨＡＡＤ配備を決定した」と声明を発表した。

（6）朴槿恵前大統領の弾劾は、友人である崔順実氏が立場を利用して機密の漏洩や便宜供与、収賄等を行っていた疑惑に端を発した。こうした一連の疑惑は韓国検察当局が押収した崔順実氏のタブレットＰＣが証拠となったと報道された。しかし、邊熙宰氏ら一部のジャーナリストは証拠となったタブレットＰＣは当局によって捏造されたものであると主張し、名誉棄損で起訴された。２０１８年5月30日に邊熙宰氏らは逮捕され、２０１８年12月10日、一審のソウル中央地裁で名誉棄損罪として懲役2年の実刑判決を受けた。

（7）太極旗市民革命国民運動（太極旗運動）は、80以上の保守系団体がソウル市内各地で韓国国旗である太極旗を手に朴槿恵前大統領の弾劾反対を呼びかける市民運動。元々、朴前大統領の弾劾反対のデモだったが、リベラル政権である文在寅大統領を批判するデモにも発展し、規模が拡大している。

（8）北朝鮮で金正恩を迎える際に花飾りを振って出迎える「歓迎団」が語源。転じて。親北朝鮮の団体を揶揄する言葉。

（9）「国家が直面する国家緊急事態についての韓国議会声明」の中で、①文政権によって韓国の核心的理念である自由民主主義が崩壊の危機に直面していること②文政権が国連決議に違反し北朝鮮に融和的な姿勢を続けることで韓国の安全保障が脅かされていること③最低賃金の引上げ等、実体経済へ負の影響の大きい経済政策によって韓国経済の危機が顕在化していることに言及。特に、文大統領は1948年に制定された大韓民国憲法第4条に記載されている「自由民主主義」という表記から「自由」の文字を削除を試みるなどの問題が指摘され、「韓国の自由民主主義が崩壊の危機に直面している」と直接的に表記されている。

(10) 韓国の大学生の間で広まった文在寅政権へのネガティブキャンペーン。SNSを中心に広まった。

(11) 2017年に行われた大統領選挙で文陣営の公約の1つに「2020年までに最低賃金を1万ウォンにする」を掲げ、大統領就任後の2018年7月14日に7、530ウォンに引き上げられた（対前年比16・4%増）。この引き上げについては小規模事業者らから批判の声が上がり2020年までの最低賃金引上げについては事実上撤回するに至った。しかし、2019年1月にはさらに8、350ウォンまで最低賃金を引き上げし、雇用の減少を招くこととなった。この他にも文政権の経済政策は、法人税の引上げ・労働時間短縮・青年求職活動支援金のバラマキ等、経済成長を阻害するものが多く学会や政財界から批判の声が上がっている。

(12) 2003年2月に盧武鉉政権が発足すると大統領府民情首席（国政全般の情報活動統括・政府高官の監督・司法警察組織の統括などの業務を担い大統領を直接補佐する要職）に就任。1年で辞任したが、2007年には大統領秘書室長となり盧武鉉大統領の側近として活躍したことで知られる。

(13) 北朝鮮軍が朝鮮戦争の初期に釜山近郊まで韓国軍を追い詰めたことを指す。

【日本語版へのメッセージ】

危急存亡の秋《とき》

ゴードン・チャン

２０２０年4月15日、韓国国民は自国の歴史上で最後の選挙になるかもしれない投票に赴く。その日は一院制の国会における３００すべての議席が競われる。

そしてその日に、大韓民国大統領である文在寅は、彼が守ると誓約した国家を終わらせるのに必要な票を得るかもしれない。

彼はいかにして韓国を廃止できるのか。韓国憲法の第１２９条は大統領が憲法の改正を提案しうることを規定しており、第１３０条は改正案が国民投票にかけられる前に国会議員の総数の3分の2が憲法改正に賛成する必要があると規定している。この国民投票では有権者の過半数が賛成しなくてはならない。

韓国人が知ってのとおり、文大統領が民主制を歯牙にもかけていないことは明らかになっている。誤って「民主党」と名付けられている彼の政党は、２０１８年の初頭に、「民主制」の概念から「自由」という概念を除去する憲法改正を試みた。

韓国の「保守派」が与党である「民主党」の試みを食い止めたが、もし文大統領が次の選挙においてより多くの議席を獲得すれば、単に憲法を翻弄する以上のことができるようになるだろう。彼は２０１７年5月の就任演説で誓約した「これまでとは全く異なる国家の建設」を履行し、「統一と共存の新しい世界」を実現するかもしれない。

これらの高尚に聞こえるフレーズは実際には何を意味していたのだろうか。まだ民主的である大韓民国を、全体主義の朝鮮民主主義人民共和国に、金王朝の国に合併するつもりだと世界に向けて語った可能性が極めて高い。

文大統領は――特に彼は票を計算しているので――国民投票で有権者の過半数を獲得することができるかもしれない。とすれば、自由で独立した韓国と、統一朝鮮の地獄のような独裁との間で確実に防波堤となるのはただ国民による議会のみである。

したがって、4月15日に保守派は最低でも１０１議席を死守する必要がある。

保守派の自由韓国党は現在110議席を保有している。小政党を加えれば、国会において保守派にはさらに数票が加算される。

保守派の票数は危機にさらされている。文大統領は現在、彼が推している半連動型比例代表選挙制度によって国会の構成を変えようと試みている。この制度は直接選挙によって選出される議員の数を減らすものだ。彼が提案しているこの制度は、総議席の数を変えずに、投票全体に占める各政党の割合に基づいて政党が選択する比例代表の数を増やす。

現在の制度よりも確実に民主的でないこの新制度が、民主党の盟友である左翼の小政党が保有する議席の割合を増やすと、文は信じているようだ。彼が国会を操作しようとしていることに不思議はない。彼が不人気であるがゆえに統治能力が脅かされているからだ。

2018年4月に金正恩との最初の首脳会談を行ったあと、文の支持率は86%という未曽有の高水準に達した。しかし現在では、主な世論調査によると、彼の支持率は30－40%台を推移している。彼と彼の政策に対する批判が明らかに高まっているにもかかわらず、支持率が概ね膠着しているため、韓国ギャラップその他の調査は彼の支持率を過大評価していると考える人もいる。

文は親北朝鮮派と左翼全体の間でコアな支持を博しているが、その基盤は経済停滞に直面して浸食されはじめており、その停滞の主要な原因は彼の介入主義的な政策と権威主義的な統治手法にある。さらに、韓国国民が彼の誤った政策によって苦しんでいるときに、繰り返し北朝鮮を財政的に支援しようとした試みはうまくいかなかった。

その結果として支持が大幅に失われ、それは特に文がかつて信奉者を得ていた大学のキャンパスで見られた。現在、国中の学生が彼に反対して運動しており、権威あるソウル国立大学では、在学生と卒業生に対する２０１９年12月のオンライン調査によって、87％もが彼を軍事政権が終焉して以来の最悪の大統領であると考えていることが明らかになった。

文の人気が失われている最も明白な証拠は、「太極旗」デモの規模が拡大していることだろう。現在この集会には定期的に数十万人が集まっている。かつては、韓国の首都における土曜の午後と夕方の群集は大半が高齢者だった。彼らは朝鮮戦争を記憶している世代だからだ。(1) しかし現在では、ジャーナリストのドナルド・カークが報じるところによると、より多くの中年世代と若者世代がこの年輩者たちの間に加わっているという。彼らは定期的に数時間にわたる「熱意のこもった演説」を聞き、米国大使館のそばを通って、かつての朝鮮の王宮であった景福宮まで行進している。

文が放送メディアを厳しく統制することによって、カークが「草の根保守運動の復活」と呼ぶこれらのデモの広がりがほとんど報道されないことが明白になっているが、それでも韓国国民の感情は変化している。一見したところ、この世論の変化が次の国会議員選挙において保守派に地滑り的な勝利をもたらすはずだ。しかし、保守勢力が深刻に分裂している一方で、文のコアな支持者たちは選挙で敗北しかねない危機に直面して統一を保っているため、文が安定多数の三分の二を得る可能性がある。

そのため、2020年4月15日は、文が何はともあれ勝利を引き出す可能性があるため、朝鮮半島における自由にとって危急存亡の秋だ。

文にはある決定的な優位がある。他の左翼の大統領と比べてはるかに、民主制を転覆することにかけて容赦がないことだ。2019年8月、国中の反対を押し切って、腐敗政治家でスキャンダルの渦中にあった曺国《チョ・グク》を法務部長官に任命した。この人事は明らかに曺の一家に対する進行中の捜査を妨害するための試みで、極めて不人気であり、保守派からの反発、より重要なのは無党派層と若者からの反発を巻き起こした。

検察庁を改革すると目されていた曺は10月に辞任した。しかし文は自国を専制に引き戻す決意をしており、それにためらいはない。(曺の辞任に対する)彼の対応は、大統領の意を受けて判事と検察官を含む高位公職者を標的とする「公職者不正捜査処」の設置を提案することだった。

ワシントンを拠点とするアナリストのタラ・オーは、文が提案するこの機関を北朝鮮の国家保衛省、すなわち金正恩の秘密警察と類比している。現在の形で施行された場合、「公職者不正捜査処」は権力分立の概念、同時に自由民主制の観念をひどく毀損し、それどころか根こそぎ破壊してしまうだろうと彼女は指摘している。

新しい組織がなくとも、文は選挙に勝つために警察と検察の権力を利用することができていた。検察は現在、青瓦台、つまり文が、多くが現職であった野党の市長候補を捜査するために警察を動員して、２０１８年の統一地方選挙に干渉したという疑惑を追及している。

「少なくとも、蔚山、梁山、昌原、泗川の四つの市の市長選挙において、野党候補の一人が自殺し、二人が選挙で敗北し、一人は辛勝だった」と東アジア研究センター（East Asia Research Center）を運営するオーは私に語った。「３つの都市でムン・ジェインに近しい仲間が勝利した」。彼女が私に書き送った通り、「多くの事実によって、青瓦台の関与が最高水準にあるらしいことが示唆されている」。

文在寅は朝鮮半島の民主制に対する実在する脅威である。最近数カ月の間にも、「5・18事件」（1980年の光州蜂起のこと）に対する特定の解釈を出版することを非合法化する法律を早急に制定しようとして、言論の自由を失わせようとした。この法案が実現した場合、この「民主運動」を北朝鮮に触発された反乱と呼ぶようなことは考えることすらできなくなる。保守派の「ともに共和党」の共同代表である趙源震が述べているとおり、文の政府はすでに「独裁体制」と言っても過言ではない。

言論の自由を根絶しようと試み、独裁の時代に回帰しようと働きかけるのと同時に、文は朝鮮半島のもう一つの国家からの攻撃に対して韓国の防衛を脆弱にするために動いていた。2019年8月、2016年に日本と調印した協定である「軍事情報包括保護協定（GSOMIA）」を韓国は撤回するつもりだと発表した。

GSOMIAは周知のとおり、北朝鮮の脅威についての情報をリアルタイムで共有する機会を提供している。「民主制防衛財団（Foundation for Defense of Democracies）」のデイヴィッド・マックスウェルが私に書き送ったところによれば、「この合意がなければ、米国が韓国と日本の間で情報を受け渡しする仲介役として働かなくてはならなくなる」。この協定が「特にミサイル防衛にとって重要だ」と彼は指摘した。日韓両国の軍隊はそれぞれに異なる探知と追跡の能力を有しているからだ。手短に言えばGSOMIAは「情報のギャップを減らし、ミサイルによる脅威をより迅速に追跡して破壊することを可能にする」。

文は端的に言って自国を危険に晒している。2019年11月22日、予定されていたGSOMIAの失効のたった数時間前に、青瓦台はGSOMIAの破棄を取りやめると発表した。にもかかわらず、この協定を有効にしておくという決定は「暫定的であり」「いかなるときも」覆し得ると韓国政府は述べた。

「GSOMIAの破棄」の永久撤回はおそらく、日本政府が韓国を「ホワイトリスト」の国に復帰させるかどうかによる。このリストの国々は繊細な技術を含む製品、特に半導体を輸出する際に事前の承認を必要としない。日本は2019年7月に韓国のホワイトリストの地位を取り消した。ソウルが十分な輸出管理をしていないことが懸念されたからだ（その懸念には十分な根拠があった）。その後の12月に、半導体とディスプレイパネルの製造に使用される韓国向けの材料に対する輸出規制のいくつかを撤廃することで、日本政府は緊張を緩和するための措置を講じた。ホワイトリストの論争は、産経新聞の加藤達也が詳細を報じているとおり、韓国の裁判所の判決が、日本企業が第二次世界大戦期に韓国の労働者を使用したことについて賠償金を支払うよう命じたことに対して、東京が怒ったときに生じた。1965年に両国が国交を正常化した際に補償の問題は解決していると東京は主張している。

文による「(GSOMIAの) 撤回の撤回」宣言のあとにすぐソウルと東京は論争に戻ったため、両国政府の関係は依然として冷え込んでいる。「GSOMIAの決定は傷口を止血する一時的な絆創膏にとどまる」とワシントンのカトリック大学のアンドリュー・ヨーはジャパンタイムズに述べた。「それでも、傷口を手当てする前にまず止血しなくてはならない場合もある」。

文が韓国と日本の間の傷口を開いたわけではないが、傷口を悪化させた。元国務省職員のミンタロ・オバがジャパンタイムズに語ったように、「GSOMIAを破棄するという韓国の決定は世紀の誤算だった。ワシントンがこれほどネガティブに反応するとは想定しておらず、GSOMIAを破棄することでソウルは日本に対するレバレッジを得られると思っていた」。

しかし、本当に誤算だろうか。文のこの捨て駒的な戦略は、土壇場で水面下での強いアメリカの圧力を受けて撤回を余儀なくされたため、たしかに短期的には裏目に出た。GS

ＯＭＩＡは北アジアでアメリカが同盟構造を維持する鍵だと見られていた。アメリカは韓国とも日本とも同盟のパートナーであるが、日本と韓国はお互いの同盟国ではない。ソウルと東京の間で条約関係が欠如しているために、両国の安全保障は脆弱になっている。日本の元外交官であり今では著作家である佐藤優が nippon.com に語ったとおり、「その、いわば『柔らかい脇腹』を補う役割を果たしてきたのがＧＳＯＭＩＡにほかなりません」(2)。

アメリカは両国がＧＳＯＭＩＡに調印できるように懸命に働き掛けてきたので、そのＧＳＯＭＩＡを危険に晒したことはワシントンの注意を惹いた。ソウルが中国に接近しているために、この動きはなおさら注意を喚起したのだった。たとえば２０１９年11月に、文政権はバンコクにおける拡大ＡＳＥＡＮ 国防相会議の場で北京との安全保障協定に調印した。

ＧＳＯＭＩＡを撤回しようとする文の動きは韓国の指導者にとってより広い意味を持つ誤算だった。第一に彼の強い反米主義がワシントンの注目を惹いた。表立っては言わないが、彼は韓国国民に対して彼のアメリカへの嫌悪感をほのめかすために尽力したのである。

たとえば、トランプ大統領が２０１９年６月に韓国を訪問した際、トランプは文と文の妻である金正淑に並んで立っていた。そのとき、この韓国のファーストレディはドレスに青い蝶のバッヂを付けていることが目撃された。青い蝶は韓国における反米主義のシンボルであり、文はトランプのみならず米国を蔑視する道を進んだのだった。ＧＳＯＭＩＡをめぐる一連の騒動が展開されたとき、韓国におけるアメリカの当局者は文の露骨な反米主義に懸念を表明し始めた。

結局、ＧＳＯＭＩＡの失効と復活は、文のアメリカに対する態度というよりは、彼の自国に対する忠誠心にかかわる問題だ。元の取り消しの通告が「裏切り行為」であったかはともかく、「われら共和党」の趙が主張するように、文は自国の安全保障が究極的に日本に依存していることを想起する義務がある。[3] 特に韓国を守るためのアメリカの戦争計画は、日本に駐留している米軍を韓国に急行させることを日本が米国に許可することに依存している。さらに、北朝鮮がミサイルを発射する場合、韓国は日本を拠点とするセンサーからのデータを直ちに必要とするだろう。

文は韓国の主敵は北朝鮮ではなく日本であるという妄想を抱いている。この文の見方は、加藤記者が概説しているように、近年において韓国が日本の軍事資産を不当に横取りしていることに特に見ることができる。文は日本を追い回すことによって、金正恩が祖父の「Gat-Geun 戦術」、つまり趙が「帽子の二つの紐戦術」と呼ぶものを実現することを助けている。

北朝鮮の建国の父である金日成によると、韓国は朝鮮王朝の時代に着用されていた伝統的な帽子に喩えられる。この帽子、笠子帽は二本の紐で頭に固定されている。片方の紐は韓国のアメリカとの同盟であり、もう一方の紐は韓国の日本との関係である。タラ・オーが指摘するとおり、この帽子は片方の紐が切れれば吹き飛ばされてしまう。韓国と日本を結ぶ紐を切断することで、北朝鮮が米国との同盟を弱体化し、そして米韓同盟を終わらせることを文は助けているとオーは論じている。

この帽子はまだ今のところ頭上にある。最終的に、軍事情報共有協定を破棄することを取り消した点で文は正しい決定をした。「GSOMIAを破棄しないという決定は韓国が自国の安全保障を優先していることの表れだ」、と5回にわたって在韓米軍と任務に服したことがあるデイヴィッド・マックスウェルは私に語った。「だが、GSOMIAを破棄するという脅しは決してなされるべきではなかった」。

そもそもこのような脅迫がなされたという事実自体、文が北アジアにおける安全保障構造を破壊しないように米国が重大な努力をしなければならないことを示している。トランプの戦略は軋轢を回避し、北朝鮮問題に関しては可能なときはいつでも同盟国の韓国に寛容であることだった。たとえば、2018年3月に文がホワイトハウスに特使を送って金正恩に会うよう説得したとき、アメリカ大統領はその場で承諾した。

トランプは熱心に金に接近し、これまで三度会談したがよい結果は得られなかった。だが、文はこの無益な交渉を継続させることに最善を尽くしている。「北朝鮮とアメリカの間で対話の雰囲気を維持することが何をおいても重要である」と2019年12月に彼は中国の支配者である習近平に語った。

北朝鮮との関係を前進させるために、文はアメリカ外交を傷つける約束をしている。最も目に余るのは、2018年9月の平壌における首脳会談で、文が金剛山観光と開城工業団地を再開することに合意したことだ。金正恩は韓国大統領がこの合意を履行すると確信して北朝鮮の人々に発表したが、これらの再開は不可避的に国連安保理の制裁決議に違反するため、どちらも中断されたままである。体制への資金の流れを断ち切ることは、金に最も破壊的な兵器を放棄させるための、ワシントンの第一の戦術である。

さらに、文は中国と共謀する意思があるようだ。中国は独自の理由で北朝鮮に対する制裁を撤廃しようとしてきた。強制措置を緩和するために、2019年12月、文在寅は習近平と北京で会談した。アメリカ外交を挫折させるためであれば、韓国大統領はどこへでも行き、誰とでも話すだろう。

　これまでのところ、トランプ大統領は文大統領が金体制に多額の資金を流し込むことを抑制しようと努力してきたが、金はたった一度の行動によって韓国をその安全を保障している米国から引き離すことができた。２０１８年末までに金がソウルを訪問することを約束した、と文が発表したのである。だがその翌年の終わりになっても、北朝鮮の最高指導者はまだその約束を果たしていない。

　２０２０年4月15日の国会議員選挙の前夜にこの旅をすることによって、金は韓国の政治状況を劇的に変えることができるだろう。（訳注：金正恩が韓国に）みごとに到着すれば、文の人気が飛躍的に高まり民主党が選挙で勝利するかもしれない（そしておそらくはそうなるだろう）。韓国政治は地球上で最も不安定なもののひとつであるため、文の側にあと数議席を与えると大韓民国の終焉を招くおそれがある。

　金は本当に韓国を訪問するだろうか。概して、金正恩はソウルで彼に抗議するデモが起こることが予測されるのであれば訪問したがらないだろうと考えられている。金がソウルを訪問するとなれば、確実に保守派を刺激して最大規模の「太極旗デモ」のために数百万人が集結するだろう。もちろん、文は「太極旗デモ」が招集された場合に禁止するための、何かしらの口実を見つけたいと思っている。彼があえてそんなことはしないだろうと思われるかもしれないが、厳格な政治的統制を課そうと試みることにおいてとりわけ野心的であることは彼自身の行いによって明らかになっている。さらに、彼が2つの朝鮮を統一するためにはほとんど何でもすることを私たちは知っている。

よく言われるように、韓国では何事も起こり得る。だが、かつて台湾の財務部長官であった顔慶章は、朝鮮の再統一がただちに「あり得る」とは考えていない。いかなる統一のスキームにおいても文が民主的諸制度を守ることはありえないため、彼の考えが正しいことを私たちは望みたい。

文大統領もまた年代の見地から、正確には一つの年代の見地から考えている。2019年8月15日に、文は日本を対象とした演説において、2つの朝鮮は2045年までに統一されると誓った。なぜその年なのか。文曰く、2045年は「解放百周年」を迎える。

並はずれて野心的な文が、彼のこの包括的な目標を実現する世代を待っていられるだろうか。2022年に19代目の韓国大統領としての任期を終える前に、統一を実現したいと考えている可能性のほうが高いだろう。

現時点で統一された朝鮮国家はありえそうにないと思われるかもしれないが、韓国国民は2020年4月15日に投票に赴く。その日に文が何かしらの方法で国会の議席を獲得することができれば[4]、彼が望むことをほとんど何でもなしうる立場を手に入れることになる。

実際に、文在寅大統領は朝鮮半島における代議政治を終焉させるための権力を手にするかもしれない。4月の選挙は、困難を抱えてきた大韓民国の歴史において最後の、したがって最も重要な選挙になるかもしれない。

注

（1）訳注：ゆえに、北朝鮮と従北左翼を警戒している。

（2）おそらく引用元は下記の記事。草稿にレファレンスはないが、下記の日本語の記事から直接引用しておいた。
https://www.nippon.com/ja/news/l00255/

（3）Cho Wonjin の草稿を念頭に置いた議論。

（4）憲法改正に必要な3分の2議席のことだろう

本書の英語版は２０１９年にEncounter Booksによって出版された。

装　丁　黒瀬章夫（ナカグログラフ）
編集協力　阿部悠樹、佐藤正幸
星村聡史、渡邉美香

〈寄稿者プロフィール〉

加藤 達也

産経新聞編集局社会部編集委員。1966（昭和41）年、東京都生まれ。91年、産経新聞入社。浦和総局、夕刊フジ報道部を経て99年から社会部で警視庁（公安・警備部門）、拉致問題などを担当。2004年、韓国・延世大学校で語学研修。社会部、外信部を経て10年11月からソウル特派員、11年11月、ソウル支局長。14年10月から社会部編集委員。支局長当時の14年８月、セウォル号事故当日の朴槿恵大統領の「空白の７時間」について産経新聞のインターネットコラムで論評。直後から15年４月まで出国禁止に。主な著書に『なぜ私は韓国に勝てたか 朴槿恵政権との500日戦争』（産経新聞出版、山本七平賞受賞）、『韓国リスク 半島危機に日本を襲う隣の現実』（産経新聞出版、室谷克実との共著）がある。

顔 慶章（Yen Ching-Chang）

東呉大学法学部CK顔財団議長教授・福和會代表理事。元台湾財務部長（財務大臣相当）・WTO大使。台湾大学（法学士/政治科学修士）、ミシガン大学（比較法修士）、ウィスコンシン・マジソン大学（法学博士）で学ぶ。28年以上にわたり財務部に奉職。同部長として、台湾金融市場の競争力向上のため大胆な金融改革を行った。部長退任後、初代WTO大使に任命され、台湾の多国間貿易参入を実現するなど類まれなリーダーシップを発揮。2019年には日本・台湾・アメリカの保守派と連携を進める福和會の代表に選出される。

趙 源震（Cho Won-jin）

ウリ共和党共同代表、大韓民国国会議員。1959年慶尚北道大邱出身。韓国外国語大学（政治・外交学士）、嶺南大学校（政策分析修士）卒。2008年国会議員に初当選。ウリ共和党結党メンバーの１人で、2017年には大統領候補となった。朴槿恵前大統領失脚から弾劾に至る一連の流れの中で、朴前大統領擁護の声を上げた数少ない国会議員の１人。韓国保守派の主導する太極機運動を率いる韓国で今、最も注目される保守政治家。一児の父。

〈著者プロフィール〉

ゴードン・チャン（Gordon G. Chang）

The American Conservative Union Foundation 政策フェロー。FOX ニュース解説員ほか、CNN 等アメリカの主要メディアで解説を行う。ニューヨークタイムス、ウォールストリートジャーナル、ナショナルレビューに寄稿、大学・シンクタンク等でも精力的に講演を行い、アメリカ保守派に多大な影響を与えている。連邦議会外交委員会及び米中経済安保調査委員会にも参加し、米国政府をリードするアジア情勢専門家。
主な著作に『やがて中国の崩壊がはじまる』、『核対立：北朝鮮が世界に挑む』（日本未出版）等がある。
Twitter：@GordonGChang

〈監修者プロフィール〉

あえば直道

一般社団法人 JCU 議長。2012年より、共和党全国委員会の顧問を務める。2015年に全米保守連合（ACU）のカウンター・パートとして JCU を設立。2016年３月、トランプ候補公認前にもかかわらず、周囲の反対を押しきってトランプ大統領待望論『トランプ革命』を出版。2016年２月発刊の『クリントン・キャッシュ』（監修）と併せて、Amazon でベストセラー１位を獲得。トランプ当選後、あえばの創った「トランプ『革命』」という標語が、保守派の間で一大ブームとなった。2018年刊行の『トランプのアメリカ　その「偉大なる復活」の真相』（ニュート・ギングリッチ著、産経新聞出版）では監修を務めた。
Twitter：@ultraJedi

韓国消失　LOSING SOUTH KOREA

2020年2月11日　第1刷発行

著　者　ゴードン・チャン
監　修　あえば直道

発行者　吉井雄二
発行所　株式会社 産経広告社
〒101-0052 東京都千代田区神田小川町1-1 日幸神田ビル7階
電話 03-5259-7778　FAX 03-5259-8840
https://www.sankei-ad.net/
発　売　日本工業新聞社
電話 03-3243-0571（書籍営業）

印刷・製本所　モリモト印刷株式会社

ISBN978-4-8191-1381-6　C0031